STROLLER

STROLLER

by Amanda Parrish Morgan

STROLLER, First Edition Copyright © Amanda Parrish Morgan, 2022
All rights reserved.

Korean translation rights arranged with Bloomsbury
Publishing Inc. through ALICE Agency, Seoul.
Korean translation copyright © BOKBOKSEOGA. Co., Ltd., 2025

이 책의 한국어판 저작권은 앨리스에이전시를 통해
Bloomsbury Publishing Inc과 독점계약한
복복서가㈜에 있습니다.
저작권법에 의해 한국 내에서 보호를 받는 저작물이므로
무단 전재와 무단 복제를 금합니다.

지식산문 O 05

STROLLER

복복서가

지식산문 O 시리즈는 평범하고 진부한 물건들을 주제 삼아 발명, 정치적 투쟁, 과학, 대중적 신화 등 풍부한 역사 이야기로 그 물건에 생기를 불어넣는 마법을 부린다. 이 책들은 매혹적인 내용으로 가득하고, 날카로우면서도 이해하기 쉬운 문장으로 일상의 세계를 생생하게 만든다. 경고: 이 총서 몇 권을 읽고 나면, 집 안을 돌아다니며 아무 물건이나 집어들고는 이렇게 혼잣말할 것이다. "이 물건에는 어떤 이야기가 숨어 있을지 궁금해."

_스티븐 존슨,
『탁월한 아이디어는 어디서 오는가』 저자

'짧고 아름다운 책들'이라는 지식산문 O 시리즈의 소개말에 전적으로 동의한다. (…) 이 책들은 우리가 당연하게 생각했던 일상의 부분들을 다시 한번 돌아보도록 영감을 준다. 이는 사물 자체에 대해 배울 기회라기보다 자기 성찰과 스토리텔링을 위한 기회다. 지식산문 O 시리즈는 우리가 경이로운 세계에 둘러싸여 있다는 사실을 상기시켜준다. 우리가 그것을 주의깊게 바라보기만 한다면.

_ 존 워너, 〈시카고 트리뷴〉

손바닥 크기의 아름다운 책 속에 이렇게나 탁월한 글이라니, 이 시리즈의 놀라운 점은 존재 그 자체일 것이다. (…) 하나같이 뛰어나고, 매력적이며, 사고를 자극해주고 유익하다.

_ 제니퍼 보트 야코비시,
〈워싱턴 인디펜던트 리뷰 오브 북스〉

유익하고 재미있다. (…) 주머니에 넣고 다니다가 삶이 지루할 때 꺼내 읽기 완벽하다.

_ 새라 머독, 〈토론토 스타〉

내 생각에 이 시리즈는 미국에서 가장 한결같이 흥미로운 논픽션 책 시리즈다.

_ 메건 볼퍼트, 〈팝매터스〉

재미있고, 생각을 자극하며, 시적이다. (…) 이 작은 책들은 종이책을 좋아하는 사람들의 꿈이다.

_ 존 팀페인, 〈필라델피아 인콰이어러〉

권당 2만 5천 단어로 짧지만, 이 책들은 결코 가볍지 않다.

_ 마리나 벤저민, 〈뉴 스테이츠먼〉

이 시리즈의 즐거움은 (…) 각 저자들이 자신이 맡은 물건이 겪어온 다양한 변화들과 조우하는 데 있다. 물건이 무대 중앙에 정면으로 앉아 행동을 지시한다. 물건이 장르, 연대기, 연구의 한계를 결정한다. 저자는 자신이 선택했거나 자신을 선택한 사물로부터 단서를 얻어야 한다. 그 결과 놀랍도록 다채로운 시리즈가 탄생했으며, 이 시리즈에 속한 책들은 그 자체로 하나의 작품이다.

_ 줄리언 예이츠, 〈로스앤젤레스 리뷰 오브 북스〉

지식산문 O 시리즈는 아름답고 단순한 전제를 두었다. 각 책은 특정 사물에 초점을 맞춘다. 이 사물은 평범하거나 예상치 못한 것일 수도 있고, 유머러스하거나 정치적으로 시의적절할 수도 있다. 어떤 사물이든 이 책은 각 사물 이면에 숨겨진 풍부한 이야기를 드러낸다.

_크리스틴 로, 〈북 라이엇〉

롤랑 바르트와 웨스 앤더슨 사이 어딘가의 감성.

_사이먼 레이놀즈, 『레트로마니아』 저자

테아와 사이먼에게

일러두기

1. 각주는 모두 옮긴이 주다.
2. 본문 중 고딕체는 원서에서 이탤릭체로 강조한 부분이다.
3. 외래어는 국립국어원 외래어표기법을 따랐으나, 회사명, 제품명 등 일반적으로 통용되는 표기가 있을 경우 이를 참조했다.

차례

스트롤러의 분류 ◦ 15

1. 우리가 기대하는 것들 ◦ 19

2. 유아를 위한 상품, 상품으로서의 유아 ◦ 29

3. '아이 친화'와 '아이 중심' ◦ 55

4. 아기띠 ◦ 81

5. 현관의 유아차 ◦ 101

6. 유아차의 선과 악 ◦ 109

7. 기이한 걱정의 시간 ◦ 137

8. 당신의 몸을 되찾으세요 ◦ 163

9. 스트롤링 ◦ 187

은유로서의 유아차 분류 ◦ 205

감사의 말 ◦ 209

참고문헌 ◦ 213

스트롤러Stroller의 분류

1. 거니는 사람

   a. 한가롭게 혹은 특별히 하는 일 없이 걷는 사람

   b. 할일이나 이득을 찾아 이리저리 다니는 사람

2. 영유아를 위한 상품

   a. 초경량 유아차: 가볍고 비교적 저렴한 접이식 (기내 짐칸에 넣기도 용이한) 휴대용 유아차

   b. 프램Pram: 퍼램뷸레이터Perambulator의 준말로 아기가 누운 상태로 탈 수 있으며(따라서 다른 유아차들과 달리 신생아에게 안전하다) 바퀴가 넷 달리고 바닥이 평평한 요람

   c. 트래블 시스템: 액세서리들(바구니 카시트, 바퀴 달린 프레임, 접이식 유아차 등)을 다양한 조합으로 조립할 수 있는 유아차

d. 인라인 유아차: 쌍둥이 혹은 연령이 비슷한 아이들을 위한 2인용 유아차*

e. 사이드바이사이드 유아차: 아이가 세 명까지 나란히 앉을 수 있는 유아차

f. 러닝용 유아차: (대개 알루미늄 소재의) 경량 프레임에 커다란 바퀴와 길이 조절이 가능한 손잡이가 있는 유아차. 일부 최신 모델은 러너가 손을 사용하지 않고도 허리에 묶은 하네스로 끌며 달릴 수 있다

3. 유아차와 비슷한 것들

   a. 자전거 트레일러: 자전거로 끄는 경량 운송 수단으로 아이를 두 명까지 태울 수 있다

   b. 유아용 세발자전거: 유아 혼자 페달을 밟아

타는 세발자전거로 긴 손잡이가 달려 부모가 뒤에서 밀 수 있다

c. 유아용 푸시 카: 바닥이 낮은 플라스틱 자동차로 일반적인 유아차처럼 아이가 한 명 탈 수 있으며 긴 손잡이가 달렸다

d. 쇼핑 카트: (공식적으로는) 어린아이 세 명까지 탈 수 있으며 자동차나 소방차 모형의 카트도 있다

e. 인형 유아차 또는 인형 프램: 플라스틱, 나무, 금속 등으로 만들어졌으며 간혹 제품이 튼튼한 경우에는 나이 많은 형제자매가 동생을 태워 (위태롭게) 밀기도 한다

4. 은유로서의 유아차

* 대개 앞뒤로 탈 수 있게 디자인되었으며 메인 시트가 보조 시트보다 크다

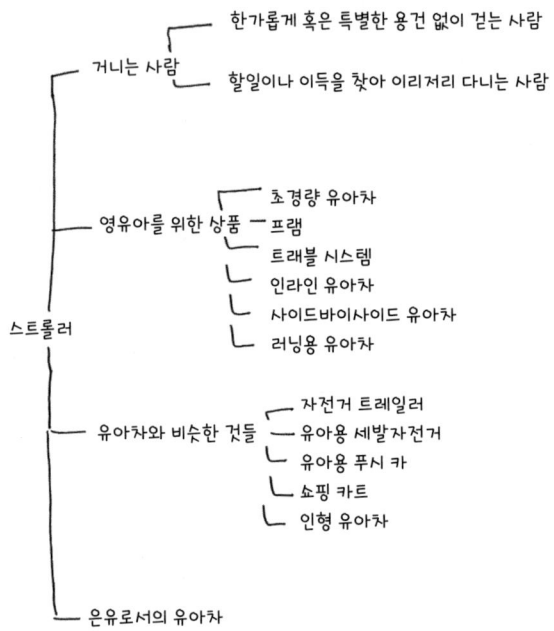

스트롤러의 종류

1. 우리가 기대하는 것들

결혼식을 치르고 몇 주 뒤, 당시 제일 친한 친구라 여겼던 사람과 저녁을 먹었다. 우리는 바닥에서 천장까지 창이 통유리로 된 식당의 창가에 앉아 있었는데 나는 그날 저녁 내내 테이블 아래에서 냅킨을 찢으며 이 식사가 얼른 끝나기만을 바랐다. 그날 앤이 아이를 낳은 여자들은 측은하다거나 성가시고 지루하다고 입 밖으로 소리 내 말한 건 아니었다. 하지만 나도 한때는 그렇게 생각한 적이 있었기에 굳이 말로 듣지 않아도 알 수 있었다. 아니, 어떤 면에서는 여전히 동의하는 부분도 있었다. 한때 우리는 초음파 사진이 끼워진 크리스마스카드를 받을 때면, 우리가 일하는 고등학교로 아이의 숙제를 가져다주거나 성적 상담을 하러 오는 부모들—대개 엄마들이었다—을 만날 때면 같이 눈알을 굴리곤 했다. 왠지 모르게 나는 여자가 아이를 갖고 싶어한다는 것에 대해 특히 기묘한 수치심을 느끼며 20대를 보냈다. 그건 마치 부족한 야망과 순종적 성향과 여자다움이라는 최악의 클리셰가 결합된 굴욕적인 조합처럼 보였다.

"나랑 닉, 아이를 가지려고 해." 내가 말했다. 어색한 웃음을 지은 내 시선은 그녀의 얼굴과 내 와인 잔 사이에서 갈 곳을 잃었다.

"이제 달리기는 완전히 끝이겠네." 그녀는 이렇게 말하며 흠, 하고 짧고 딱딱한 웃음을 뱉었다.

나는 열네 살에 달리기를 시작한 이후로 딱 한 번 빼고는 이를 멈춘 적이 없었다. 그 한 번도 경골 압박성 골절로 6주를 쉬어야 했기 때문이었다. 그날 저녁 앤을 만나기 불과 몇 달 전에도 다섯번째 마라톤을 완주했다. 나는 내가 자라온 동네에서 몇 킬로미터 떨어지지 않은 공립학교에서 영어를 가르쳤고 크로스컨트리와 육상 팀 코치를 맡기도 했다. 러너로서의 내 정체성은—단순히 운동을 위해 달렸던 것이 아니라 매일 훈련했으며 한 해도 거르지 않고 대회에 나갔다—교사나 작가로서의 정체성만큼이나 중요했으며, 당시에는 결혼을 하거나 엄마가 되는 일보다도 훨씬 더 중요했다.

아이를 가지면 내 인생이 얼마나 달라질지, 나도 수없이 생각했다. 고위험 임신의 가능성과 특별한 의학적·감정적 도움이 필요한 아이가 태어날 경우의 우려들까지. 닉과 나는 일과 육아의 병행에 대해서도 생각해보았다. 나는 불임, 출산으로 인한 외상, 수유의 어려움을 걱정했다. 내가 사는 지역의 출산휴가 정책에 대해 찾아보고 적어두었다. 살이 찌고 다시는 빠지지 않을까봐 신경쓰였다. 몸이 너무 피곤해지진 않을까, 집이 엉망이 되지 않을까 염려했다. 심지어는 달리기 기록이 떨어질까봐 걱정하기도 했다. 하지만 언제나 한결

같이 내 인생의 즐거움이 되어주었던 달리기를 하지 못할까봐 걱정한 적은 없었다. 대학 시절에 임신 3개월 차인 어시스턴트 코치가 우리와 함께 큰 무리 없이 달렸고 아들을 낳은 뒤에도 몇 주 지나지 않아 복귀했다. 그리고 난 달리기를 포기하지 않고 아이와 함께 달릴 수 있도록 러닝용 유아차를 살 예정이었다.

  하지만 앤의 경솔했던 대답은 나 또한 마음 한 구석에 비밀스레 품고 있던 온갖 두려움, 그 아래 감춰진 진실과 맞닿아 있었다. 내 인생은 필연적으로, 나조차 알아볼 수 없게, 되돌릴 수 없고 예측 불가능한 방식으로 바뀔 터였다. 그녀와 나 모두 알고 있었듯, 달리기는 나의 자유를 뜻했다. 내가 평생에 걸쳐 얼마나 진지하게 달리기에 임했든지

간에, 여기에 내 시간을 헌신하는 것은 결국 필수가 아니며 사치스러운 일임이 증명된 것이다. 내 몸은 변할 것이다. 어쩌면 영원히. 우정 또한 마찬가지였다. 나와 앤처럼 주 경계 너머까지 하프마라톤을 함께 달리고 수천 킬로미터의 훈련과 대화를 나눈 사이일지라도, 어떤 우정은 끝을 향해 가고 있었다.

딸 테아는 그날 저녁으로부터 딱 열 달째 되던 12월 말 아침, 예정일보다 12일이 지나 태어났다. 그날 아침 나는 빨리 아이가 나오길 바라며 천천히 뛰려고 밖으로 나갔다. 동네 놀이터에서 우리 집 앞까지 1킬로미터쯤 되는 거리를 오리처럼 뒤뚱뒤뚱 뛰면서 나는 조금 안도했다. 방어 본능 때문이었고 반항심도 들었다. 이것 봐, 적어도 임신했다고 내 달리기가 끝장나지는 않았어.

닉과 나는 베이비 샤워*를 열지 않았다. 그 파티와 관련된 모든 게 민망했다. 임신한 여자처럼 보이게 만든 케이크와 기저귀 속에 녹인 초코바를

---

* 곧 태어날 아기를 축하하기 위한 파티.

넣어둔 게임, 둥근 배 위에 달린 리본을 볼 때마다 나는 남몰래 비웃었다. 그리고 우리는 운이 좋았다. 부모님과 시부모님은 우리가 필요하다고 생각한 각종 터무니없는 물건들도 관대하게 거의 다 선물해주셨다. 각기 다른 동물 모양의 모자가 달린 목욕 타월 여섯 개, 아기 침대와 접이식 테이블, 결국 마루에 떨어져 산산조각 나버린 코끼리 도자기 램프, 그리고 500달러짜리 조깅용 유아차까지.

나는 출산만 하고 나면 곧바로 그 유아차를 사용할 수 있을 줄 알았다. 아기에 관해 너무 무지한 나머지, 신생아가 6개월쯤 되어 스스로 목을 가누고 앉을 수 있을 때까지는 기본 유아차 위에 후방형 카시트를 고정하는 장치 없이 조깅용 유아차를 쓸 수 없다는 사실을 몰랐다.

  나는 하는 수 없이 기온이 영상으로 풀리는 날이면 사람들이 '트래블 시스템'이라 부르는 것에 테아를 태워 동네를 천천히 산책했다. 세 가지 부품으로 구성된 이 유아차를 주문해 처음 받아보았을 때는 무척 당황했다. 하지만 금세 적응했고 그것은 곧 내 삶에 없어서는 안 될 것이 되었다. 이 유아차는 신생아용 카시트, 차에 장착할 수 있는 베이스, 프레임 등으로 구성되어 있어 벨트를 풀거나 아기를 밖으로 빼내지 않고도 카시트를 옮기거나 다시 장착할 수 있었다. 테아가 병원에 갔다 돌아오는 길에 잠이 들면, 그저 스냅을 끌러 바구니 카시트를 거실로 옮기면 됐다. 아이가 잠들어 있는 동안 나는 글을 쓰거나 밀린 빨래를 하거나 탈진한 채 아이 곁에 있는 소파에 누워 잤다.

분홍색 플리스를 입은 채 유아차를 탄 테아.

봄이 오고 테아가 러닝용 유아차를 탈 수 있을 만큼 크자 나는 고등학생 코치 일을 다시 시작했다. 나는 학생들과 함께 뛰었다. 이를 위해 훈련 시작 직전, 차 안에서 초강력 유축기로 젖을 유축한 다음 얼음이 든 작은 보냉 가방에 보관했고, 스포츠 브라를 두 개 껴입어 땡땡 불어난 가슴을 동여 맸다. 팀이 경기에 나가거나 고강도 인터벌 기록을 측정할 때, 피트니스센터에서 부상당한 선수의 크로스 트레이닝을 모니터링할 때는 뛸 수 없었다.

바로 이런 날 때문에 러닝용 유아차를 원했던 것이다. 상쾌한 공기와 약간의 엔도르핀을 얻을 수 있는 선택권이 내게 있음을 아는 것만으로도 크게 안심할 수 있을 것 같았다. 그건 전략을 잘 세워 시간 맞춰 젖을 먹이고 유축을 해놓고 14킬로그램의 유아차와 아기를 밀 힘만 있다면 엄마이자 러너가 될 수 있다는 사실을 상기시켜줄 터였다. 그러니까, 육아와 야망은 상호 배타적이지 않다는 사실을 말이다.

2. 유아를 위한 상품, 상품으로서의 유아

딸 테아가 네 살, 아들 사이먼이 두 살이던 해에 나는 둘을 각각 다른 유치원에 데려다준 뒤 각기 다른 시간에 데리러 가야 했다. 이를 위한 가장 효율적인 방법은 사이먼이 태어나기 닷새 전 크리스마스 선물로 산 2인용 러닝 유아차에 둘을 태우고 달리는 것이었다. 이렇게 하면 나는 그저 유아차를 밀어 달린 다음 아이들을 차례로 내려주고 다시 데려오면 됐다. 이 과정은, 둘을 차에 태우고 카시트에 앉혀 먼저 테아 학교에 가서 둘을 내리게 한 다음 또다시 사이먼을 차에 태우고 유치원에 데려다준 뒤 집으로 돌아가는 것에 비해 고작 1~2분밖에 더 걸리지 않았다. 차를 타지 않고 이렇게 뛰어갔다 오면 아이들을 유치원에 데려다준 뒤 가벼

워진 유아차를 쌩쌩 밀며 집으로 돌아와, 아이들을 데리러 가야 하는 몇 시간 후까지, 즉 하루의 후반전이 시작되기 전까지 글을 몇 페이지쯤 미친듯이 써내려갈 수 있었다.

그러나 이 방법이 얼마나 효율적이건 간에 나는 종종 땀에 푹 절었고 지각을 했으며 적어도 하루에 두 번씩은 텅 빈 2인용 유아차를 밀며 동네를 뛰어야 했다. 이웃들은 두 유치원 사이 구간에서 한 자리가 빈 유아차를 볼 때마다 악의는 없었지만 내가 싫어하는 농담을 던지곤 했다("하나를 잃어버렸잖아!"). 어느 날에는 다른 러너들이 응원을 해준답시고 큰 목소리로 내게 말을 걸었고("엄마, 파이팅!"이 가장 흔했다), 유아차를 밀며 달리는 내가 그들을 앞지르기라도 하면 경쟁심에서 우러나온 자기 비하적이고 이상한 농담을 던지기도 했다("당신을 보니 내 꼴이 우습네요." 한번은 나와 비슷한 또래의 그다지 몸매도 좋지 않은 남자가 굴욕을 느꼈다고 직설적인 말을 건네왔다). 나는 얼굴이 땀에 젖은 채로 희미하게 냄새를 풍겨가며 유치원 앞에 섰다. 숨소리도 헉헉댔다. 어린아이들 한 무더기와 그들을 실어 갈 요란한 유아차들이 북적대는 그곳에서 나와 내 유아차를 의식할 남들의 시선을 한순간도 완전히 떨치지 못했다.

내 주변의 다른 보호자들은—대체로 엄마들이었다—매끈하고 도시적인 유아차를 끌었다. 어파베이비(uppababy.com)에서 나온 배시넷*을 끼웠다 뺄 수 있는 제품(카시트 포함 1229.98달러, 카시트 제외 929.99달러)이나 2인용 버전(1149.97달러, 카시트 옵션 없음)에 다양한 부가 액세서리를 단 것들. 캐리올 페어런트 오거나이저(34.99달러), 스낵 트레이(39.99달러), 코지 가누시 풋머프(149.99달러), 유아차를 타기에는 크지만 종일 걸

---

* 바구니형 아기 요람.

기에는 너무 어린 아이들을 위해 고안된 라이드어롱 보드(119.99달러) 같은 수많은 추가 제품들 말이다. 이 유아차들이 내 것보다 더 깨끗하리라 상상하기란 어렵지 않았다. 이 유아차들은 틈새에 과자 부스러기도, 엎질러진 우유 자국도, 젖은 채로 유아차를 접어놓아 캐노피에 핀 흰 곰팡이도 없을 것 같았다. 다른 유아차들은 죄다 얼룩 하나 없이 깨끗해 보였다. 조깅용 유아차로 아이들의 등하원을 돕는 일은 다른 방법들보다 더 체계적이고 성취감도 있었지만, 동시에 내가 운동을 하려면 이동 시간이나 양육에 쓰는 시간을 활용해야 할 만큼 시간이 없다는 사실을 드러내는 증거 같아서 왠지 공개적인 실패 선언처럼 느껴졌다. 두 아이가 모두 유치원에 있는 시간이 일주일에 단

네 시간밖에 되지 않던 때로부터 벌써 몇 년이 흘렀다. 그때 더 좋은 수가 있었는지는 아직도 잘 모르겠다. 우리 가족에게는 이 방식이 최선이었고, 무엇보다 내가 달리기를 놓지 않은 채로 아이들을 돌보고 등·하원을 도우면서 만든 자투리 시간에 글을 쓸 수 있는 방법이었다. 또 유아차 브랜드가 무엇이건, 아이들이 유치원에 얼마나 오래 있건, 나는 어차피 유아차를 먼지 한 톨 없이 깨끗하게 관리하는 사람은 될 수 없었을 것이다.

그래서 어쩌다보니 우리는 다섯 대의 유아차를 갖게 되었다. 1인용 러닝 유아차 한 대, 2인용 러닝 유아차 한 대, 휴대용 경량 유아차 한 대, 처음엔 날 당황하게 했지만 이제는 한몸이 되어버린 트래블 시스템, 마지막으로 한 명은 앞을 향해 타고 한 명은 쉽게 오르내릴 수 있게 설계된 물려받은 유아차까지. 처음에는 반짝반짝했던 유아차들은 금세 다 꼬질꼬질해졌다. 유아차와 거기 딸린 부속품들, 그리고 그것들의 상태는 무언가를 나타내는 지표였다. 자동차의 브랜드와 모델, 작은 무료 도서관*의 존재 여부, NPR 토트백이 부의 정도와 문화적 배경을 암시하는 것처럼 유아차도 마찬가지였던 것이다.

최근에 교외로 옮겨온 우리 동네 사람들 사이에서 인기가 많은 어파베이비 비스타는 1000달러가 넘는 고가이기는 해도 터무니없이 가장 비싼 제품은 아니다. 펜디에서도 유아차를 생산하고 영국 유명 브랜드인 실버크로스에서도 에드워드 시대에 처음 만든 디자인을 그대로 유지한 듯 보이는 '발모럴'이라는 프램을 3999.99달러에 판매하고 있다(그래도 무료 배송은 해준다고 한다). 〈타운 앤드 컨트리〉의 실버먼 기자는 케이트 미들턴이 이 제품을 사용한다고 보도한 바 있다. [Silverman]

첫 프레임은 1733년 윌리엄 켄트가 데번셔 공작과 공작 부인을 위해 발명한 것으로 염소가 끌 수 있게 고안되었다. 1923년 제21회 영국왕립예술학회 정례 회의에서 새뮤얼 슈얼은 '어린이 및 병약자를 위한 이동 수단'을 주제로 영국 유아차 혁신의 역사에 대해 대단히 엄숙하고도 포괄적인 연설을 했다. 학회 저널은 슈얼의 강연과 이어진 토론의 녹취록을 게재했다(보아하니, 토론은 슈얼이 바랐던 것처럼 격렬하거나 엄밀하진 않았던 것 같다). 슈얼은 유아차의 역사와 이 사물에 사용되는 용어에 대해 학계 연구가 부족한 것을 못마땅하게 여기며 이렇게 말한다. "이런 이동 수단들은 대개 퍼램뷸레이터 또는 배시넷이라고 불린다. 나는 이 명칭이 만족스럽지 않다고 밝히고 싶다. 이 명칭은 'per'와 'ambulare', 즉 무언가를 통과하거나 넘어서 걷는다는 뜻에서 유래한 것이므로 사전적 정의에 따르면 퍼램뷸레이터는 유아차라는 사물

---

* 이웃끼리 책을 교환할 수 있도록 만들어진 작은 우편함 형태의 길거리 도서관.

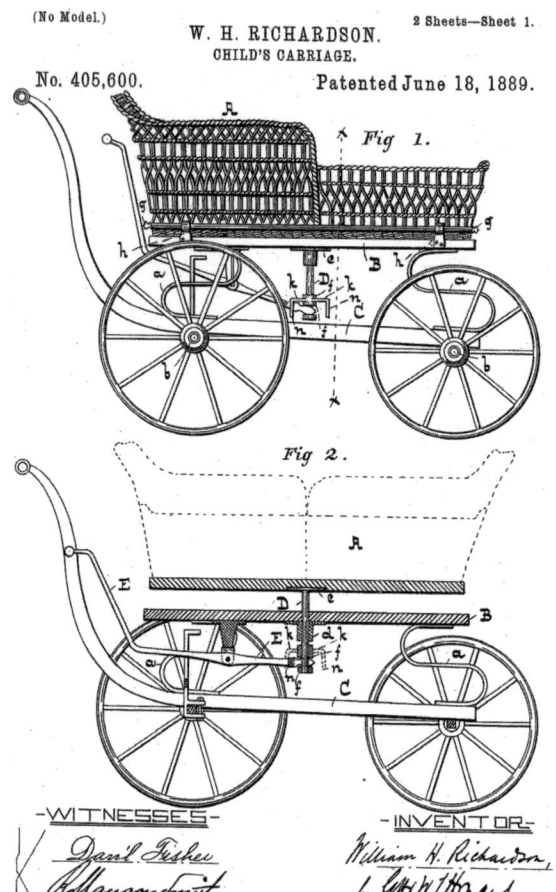

특허를 낸 리처드슨의 유아차.

자체가 아니라 유아차를 운전하는 사람을 의미하기 때문이다." [Sewell, 716쪽]

영국에서는 윌리엄 켄트의 염소가 끄는 유아차가 최초였지만, 아테네부터 일본에 이르기까지 고대문화권에서는 이미 오래전부터 유아차를 사용해왔다고 슈얼은 설명한다. 그는 문화와 시대 전반에 걸쳐 나타난 다양한 혁신 기술에 대해 자세히 묘사한다. 1853년, 찰스 버턴이 자신이 만든 유아차 모델로 특허를 취득했다. 그의 모델은 이미 켄트가 고안한 사륜식보다 현대의 유아차와 가까운 삼륜식으로 발전되어 있었다. 이후 몇 년에 걸쳐 윌리엄 리처드슨의 양방형 배시넷 같은 기능이 향상된 제품들이 발명되었다. 편의를 위한 스프링과 덮개, 안전벨트와 브레이크 장치가 도입되고 무게중심이 낮아지면서 유아차는 점차 더 안전해졌다. 빅토리아앤드앨버트박물관에는 고리버들로 만들어진 프램, 나무 프램, 2인용 프램, 양방형 프램이 전시되어 있다. 게티 이미지의 1941년 사진에는 방독면을 쓴 두 여성이 가스를 차단해주는 프램을 밀며 킹스턴 거리를 걷는 상징적이면서도

▲염소가 끄는 유아차를 탄 해리슨의 아이들.
▼가스를 차단해주는 프램을 밀고 있는 여성.

섬뜩한 모습이 남아 있다.

 방독 기능을 갖춘 프램 사진이 찍히기 10여 년도 더 전에 슈얼은 영국왕립학회에서 "아무리 가난한 어머니라도 첫 자식을 위해서는 새 유아차 사기를 고집하며, 이웃들과 차별화된 것을 갖고 싶어한다"[720쪽]고 말했다. 하지만 어린아이들이 유아차에서 당하는 사고 사례로 그가 무심히 언급한 "수많은 사건" 목록을 보면 그저 다른 상품을 원한 것이 아니라 안전한 상품을 원했던 것으로 보인다. 아이들은 뒤집히고 떨어지고 굴렀으며 "때로는 치명적인 상해"[Sewell, 724쪽]를 입었다. 이제 막 태어난 자식의 안녕과 안전, 어쩌면 생존까지 보장해주는 투자보다 더 가치 있는 일이 있을까?

 테아가 이제 막 걸음마를 시작하고 내가 사이먼을 임신하고 있던 때 우리는 맨해튼에서 숨막히게 더운 여름 주말을 보냈다. 아침 일찍 일어나 크루아상에 커피를 마시고 이리저리 산책을 하다 시원한 그늘이 있는 트라이베카의 어느 큰 놀이터에 이르렀다. 존 프리먼 길이 2011년 〈뉴욕타임스〉 부동산 섹션 기사에서 "800달러짜리 유아차가 돌아다니는 땅"이라는 인상적인 헤드라인으로 묘사한 부유한 동네였다. 도시 괴담에 따르면 이 동네는 보모를 두는 것은 물론 아이를 유명 사립 유치원에 입학시키기 위해 어린이집에 보내기 전부터 독서 선생님과 수학 선생님, 개인 요가 강사를 고용하는 것이 일반적인 관례라고 했다. 우리는 놀이터 맨 오른쪽 끝 그늘에 유아차를 세운 뒤 가정교사는 본 적도 없고 교외에서 자랐으며 아마도 공립학교에 가게 될 테아의 벨트를 풀어주었다.

육아에 있어 나는 통제와 관찰 사이에서 적절한 균형을 잡으려 했다. 테아가 미끄럼틀에 올라타려고 애쓰는 동안 손을 잡아주고 모래를 먹으면 안

된다고 주의를 준 뒤 나는 열댓 개쯤 되는 유아차들 제일 끝에 세워둔 우리 유아차 옆 벤치에 가 앉았다. 한눈에 보아도 우리 유아차는 뭔가가 잘못돼 보였다. 우리의 러닝용 유아차 마운틴버기터레인은 도시의 한중간에 있기엔 너무 컸고 트라이베카에 있기에는 너무 더러웠다. 어두운 회색 시트는 진득한 선크림이 흐르다 말아 하얀 얼룩이 져 있었고 아래쪽 짐칸은 기저귀 가방과 간식거리, 반쯤 먹다 남은 크루아상으로 터지기 일보 직전이었다. 그때 나는 페어런트 오거나이저라는 것을 알지 못했지만 거기에 있는 다른 유아차들—전부 어파베이비 비스타 같았다—에는 다들 아이스커피와 휴대폰, 열쇠꾸러미를 깔끔하게 수납할 수 있는 작은 정리함이 달려 있었다. 그곳은 800달러는커녕 1500달러짜리 유아차들의 땅이었다.

테아가 태어나기 전, 어떤 유아 용품들을 살까 살펴볼 때 나는 물건들을 그다지 많이 알아보지 않고 골랐다. 주변에 아이를 낳은 친구들도 별로 없었고 내가 해본 검색이라고는 구글에 "러닝용 유아차 추천" 같은 검색어를 입력한 뒤 평점이 높은 상품 몇 개를 골라 클릭해본 것이 다였다. 화면 너머 제품들은 모두 엇비슷해 보였고 그래서 기능도 별반 다르지 않을 거라 생각했다. 하지만 트라이베카의 놀이터에 우두커니 서 있자니 고등학교 프랑스어 선생님이 파리에 갈 때 입고 가지 말라고 경고했던 차림새—흰색 스니커즈에 지도를 꺼내 들고 목에 카메라를 건 전형적인 미국인 관광객의 모습—의 교외 주부 버전이 된 듯한 기분이었다. "저 유아차, 천 달러짜리야." 나는 옆에 있던 유아차를 눈짓으로 가리키며 닉에게 속삭였다. 지금 생각해보니 실제 가격보다 반이나 낮게 부른 것이었다.

2000년 여름, 임신과는 거리가 멀던 시절. 닉을 알기도 전에, 아니 언젠가 아이를 갖고 싶다는 생각도 해본 적 없었던 때. 자넬 테일러는 『페미니스트 연구』의 '여성과 건강' 호에 「초음파검사와 유아차에 관하여」라는 글을 발표했다. 그녀는 글에서 임신과 엄마 되기가 소비의 관점에서만 규정되어왔으며 그 결과 문화적으로 재생산 안에서 생산만이 강조되고 있다고 주장한다. 당시에는 알아차리지 못했지만 나 또한 엄마라는 존재에 여성혐오적인 편견을 갖고 있었다. 바로 어린 자녀를 둔 여자는 육아를 할 때 감정이나 도덕, 지성, 심지어 정신보다 소비가 더 우선이라는 속임수에 쉽게 넘어간다는 편견이었다.

테일러는 임신과 산전 검사를 둘러싼 기존의 담론이 이상적이고 최적화된 상품, 즉 태아를 생산하는 과정에서 이 사회가 어떻게 의사를 관리자로, 엄마를 비숙련 노동자로 위치시키는지 설명한다. 태아, 그리고 후에 자랄 아이가 상품이라는 아이디어는 최근 수십 년 사이 형성된 일부 혐오스러운 육아 트렌드와도 일맥상통한다. 그래서 재정 자원과 권력에 접근 가능한 연줄을 가진 부모들은 자식의 '가치'를 극대화하려고 개입하다 '오퍼레이션 바시티 블루스'*와 같은 공공 스캔들을 일으키기도 하는 것이다. 분명히 인식한 것은 아니었지만 나 또한 아이를 갖기 전에는 (좋은 일이든 나쁜 일이든) 자식과 관련된 많은 사건을 여자들이 수행했기 때문에 자식 혹은 태아가 상품이 된 이 세태가 여자들, 다시 말해 엄마들 탓이라고 막연히 생각해왔다. 하지만 테일러는 아이를 상품으로 보는 사회와 엄마 자신의 상품화 사이에서 중요한 상관관계를 찾아낸다. "산전 검사가 일반화되고 곳곳에서 배아와 태아를 일개 상품으로 취급하는 현 상황이 우려스럽다." 그녀는 다음과 같은 말도 덧붙인다. "이 과정에서 여성은 '소외된 노동'을 통해 귀중한 상품을 생산하는 비숙련 재생산 노동자로 전락했다고 페미니스트들은 우려

의 목소리를 높이고 있다."[395쪽]

테아를 출산할 때 진통이 너무 강렬해서 그리고 내가 그 정도의 고통에 아무런 준비가 되어 있지 않았다는 사실을 깨달아서 매우 놀랐다. '출산delivery'이라는 단어와 그것이 의미하는 책임에 대해 생각해보게 되었다. 테아가 웅크리고 있던 곳에서 이 바깥세상까지 안전하게 아이를 데려와야 deliver 한다는 의미에 대해 말이다. 또 '분만labor'이라는 단어에 대해서도 생각했다. 노동, 그것이 크나큰 고통을 수반한 일이라는 것, 그토록 긴 시간 동안 육체적으로 힘든 일에 집중해야 한다는 것에 대해서. 그러나 그 단어의 다른 의미, 즉 '경제학에서 재화나 서비스를 생산하는 인간 행위'라는 측면에 대해서는 고려해본 적이 없었다.

물론 아기를 상품으로 보는 것이 새로운 현상은 아니다. 브랜드가 협찬하는 출생 소식 발표나 어파베이비 비스타 액세서리로 가득한 출산 선물 리스트, 초음파검사로 아이의 성별을 확인한 후 벌

* 2019년 미국에서 일어난 대학 부정 입학 스캔들.

이는 분홍색과 하늘색 크림으로 장식한 케이크와 파티는 새롭긴 하지만.

테일러는 출산 축하 파티가 임신과 초기 모성이 상업화되는 과정에서 어떤 역할을 수행해왔는지 밝힌다. 예전의 파티는 출산을 앞둔 여자가 어머니나 할머니에게 지혜를 전수받는 의례였으나 이제는 거의 소비를 위한 행사로 변질되어버렸다. 우리는 운이 좋게도 지나치게 소비 중심적인 출산 축하 파티라는 사치를 누릴 수 있었다. 우리에게 정말 필요한 것들도 필요하리라 여겨지는 것들(온갖 동물 모형의 모자가 달린 타월)도 살 수 있었다. 안전한 교외 지역에 사는 중산층 백인 여성으로서 6년 동안 매일 더러운 조깅용 유아차나마 밀고 다니는 사치를 누리더라도, 아이들에게 충분한 청결과 안전을 제공해주지 못했더라도, 주변의 심각한 비난까지는 아닌 가벼운 눈치 정도만 감수하면 된다는 사실을 깨달은 사람이 아마 내가 처음은 아닐 것이다.

만약 성별 공개 파티가 2000년에 널리 행해졌다면 테일러가 관찰한 것들을 보여주는 주요 사례로 제시되었을 것이다. 한 초음파 영상 기사는 예비 부모를 "쇼핑객"에 비유하며, 그들이 검사 시 태아의 발달 정도가 아닌 성별에 집중한다고 지적했다. 한편 테일러는 예비 부모를 타깃으로 하는 마케팅 확대가 이미 만연해 있는 "부모가 자녀를 위해 물건을 구매하는 현상"의 연장선상에 있다고 지적한다. 20세기 초까지만 해도 미국인들은 이러한 광고를 "집이라는 신성한 공간에 대한 세속적인 상업"[398쪽]의 침범이라 여겼지만, 이제는 이를 의심 없이 받아들인다. 나는 트레이더 조에서 음식과 젖병, 세탁 세제—비즈니스 세계의 불경한 침입이다!—를 살 수 있어 기쁜 한편, 나와 닉 말고도 튼튼한 우리집 벽이 강박적인 소비로부터 내 아이들을 지켜준다고 상상하면 안심이 된다. 왠지 낭만적이고 아늑하게까지 느껴진다.

"출산 수업에 갔었어요." 테일러가 인터뷰한 여성 중 한 명이 당시를 회상하며 말한다. "그들은 저희가 사야 할 온갖 것들을 알려줬는데 겁이 났어요. 아기띠, 유축기, 유아차, 각기 종류가 다른 카시트 두 개, 전 그것들의 사용법도 몰랐는데요."[399쪽] 몰랐던 건 나도 마찬가지였다. 우리는 카시트를 하나만 썼지만(하나 더 샀어야 하나?) 아기띠는 있었다. 하지만 그것도 사용하기가 무서워 몇 달이나 지나서 썼고 유축기는 사용법조차 몰랐다. 물론 다양하게 구비한 유아차들도 제각기 구체적인 규칙과 특징, 사용하기 알맞은 상황이 달랐다.

의도치 않았겠지만 슈얼의 어조에는 재미난 구

석이 있다. 영국제 유아차에 대한 자부심과 억지로 꾸며낸 겸손함. 그에 더불어 그는 경제력이 부족한 여성들이 값비싼 유아차를 원하는 것에 대해 불쾌감을 드러낸다. 그의 경멸과 비판은 다음과 같은 구절에서 드러난다. "오, 그 어리석은 여자들은 화려한 외양에 속아 그 기계를 사려고 들었지요." 반면 테일러는 자신이 인터뷰한 여성들에 대한 불공평한 판단을 유보하려는 듯 보인다. 어쨌거나 둘은 공통의 진실을 드러낸다. 유아 용품 마케팅이 육아에 대한 관심의 동의어인 양 상품의 소비를 부추기고 있다는 것.

아이를 상품으로 인식하며 임신과 출산을 둘러싼 지출을 일종의 '투자'로 여기는 세상에서는 아이를 위한 제품이나 서비스 '구매'와 관련이 없는 결정도 고급 유아 용품을 구매할 때처럼 정체성을 형성하는 수단이자 선택의 문제가 된다. 부모를 쇼핑객으로 묘사했던 초음파 영상 기사의 시각과 태도가 진통 조절에 관한 결정부터 태어난 아기의 수면, 수유, 이동에 관한 문제까지 적용되는 것이다.

이는 가격이 두 자릿수냐 네 자릿수냐 혹은 우아한 프램이냐 두껍고 넓은 바퀴를 가진 조깅용 유아차냐 하는 차이에 국한되지 않는다. 유아차는 현실적인 고민에 기반해 만든 구체적이고 신중한 이동 수단이지만, 아기띠 사용과는 또다른 의미를 지닌다. 아기를 유아차에 태우지 않고 아기띠를 사용해 안는 것, 거기에 더해 그냥 아기띠가 아닌 에르고 아기띠를 사용하는 것은 대체로 무언가를 암시한다. 특정 양육 철학 혹은 어떤 문화적 가치에 대한 동조를 말이다.

테일러가 글을 발표한 지 20년이 훌쩍 지난 지금, 킴 브룩스가 좀더 현대적인 연구를 인용해 비슷한 주장을 했다. 힐러리 러베이 프리드먼에 따르면 부모들이 "조금만 더 빨리 조사를 시작하고, 제대로 된 자료를 읽고, 제대로 움직이면, 그들이 원하는 최종결과물로 자신들이 원하는 아이를 얻을 수 있다"고 믿는다는 것이다. 비록 그 신념이 잘못됐을지언정 이해는 한다고 그는 덧붙였다. 브룩스는 "아기를 임신하고 출산하고 양육하는 일"에 관해 끝없는 조사를 수행하는 일, 그리고 출산 예정일이 비슷한 친구와 유대감을 느끼는 현상을 두고 자조적인 농담을 한다. "우리는 틈만 나면 같이 점심을 먹고, 같이 임부복을 사고, 절대 살 수 없지만 정말 정말 갖고 싶은, 화려한 타임머신처럼 보이는 '유아차 포르노'를 서로에게 보냈어요."[43쪽] 이 모든 것들이 주도면밀하게 의도된 마케팅이며 소비를 부추기는 육아 문화일 뿐이라고 의식할 수 있을 만큼 자의식이 강한 여성인 브룩은 이상함을 느낀다. "내가 한 번도 이런 사람인 적 없다고 말할 수 있다면 얼마나 좋을까. 이런 임신 준비와 엄청난 출산 계획들이 다 부질없으며 부르주아적이고 역겨울 뿐이라고 말할 수 있다면… 어떤 유아차를 살지, 아기 침대용 매트리스는 무엇을 사야 할지, 아기용 CCTV는 어떤 걸 사고, 아기띠는 뭘 사야 할지를 고민하는 데 내 인생의 아주 긴 시간을 쓰지 않았다고 말할 수 있다면… 임신과 모성에서 내 정체성을—아니, 사실은… 브랜드를—그러니까, 다른 여자들이 눈여겨보고 인정하고 높이 사는 정체성을 내보이려고 애쓰는 그런 부류의 여자가 아니었다고 말할 수 있다면 얼마나 좋을까."[44쪽]

나 또한 우리 가족이 다섯 대의 유아차를(아이들이 가진 인형 유아차 두 대까지 합하면 일곱 대를) 소유하지 않았다고 말할 수 있다면 좋겠다. 아이를 낳고 얼마 지나지 않아 보았던 타임머신처럼 생긴 그 값비싼 유아차들과 내 더러운 러닝용 유아차를 비교하며, 한편으로는 우쭐하고 한편으로는 남을 의식하면서 내 정체성을 인식하지는 않았다고 말할 수 있다면 좋았을 것이다. 유아차, 아니 유아차뿐 아니라 그 상품이 주는 메시지로부터 이득을 보는 생산자가 제공하는 모든 제품이, 그저 내가 운이 좋아 구매할 수 있는 편의 그 이상의 것은 아니라고 생각할 수 있었다면 정말 얼마나 좋았을까.

3. '아이 친화'와 '아이 중심'

우리가 그 많은 유아차를 가졌다는 사실은 우리가 미국인이라는 걸 생생히 깨닫게 해준다. 그것들이 어느 교외 주택의 커다란 차고 한쪽 구석, 두 대의 차 옆에 놓여 있다는 사실을 생각하면 더욱 그렇다. 자녀를 보살피기 위해 안전하고 편리한 제품을 사려는 욕구가 분명 미국만의 것은 아니지만, 다소 관념적이기는 해도 적극적인 소비가 도덕적 선으로 여겨지기도 하는 이 나라에서 그 욕망은 특히 강력하다.

네덜란드에서 이곳 코네티컷 교외로 이사 온 이웃 웬디도 내가 이 많은 유아차를 두고 느끼는 미국의 과잉된 소비문화에 대해 비슷한 감정을 느낀다고 토로했다. "네덜란드 사람들은 돈을 '신중히' 쓴다고 알려져 있어요." 그녀는 내가 유아차와 유아 용품에 대해 보낸 이메일에 답장을 보내며 이렇게 썼다. "신중한 소비의 장점은 적은 돈으로 살 수 있는 우수하고 뛰어난 제품을 만드는(그리고 파는) 진짜 시장을 존재하게 한다는 거예요. 편하고 품질 좋고 모양이 예쁜 상품을 사기 위해 꼭 어파베이비를 고를 필요는 없는 거죠." 물론 미국인들도 필요와 선호도에 따라 유아 용품을 사고팔며 예산을 '빠듯하게' 쓰지만, 소비에 관해 미국 문화를 검소하다고 말할 사람은 거의 없을 것이다. 특히 자녀 일에 관한 한, 그들을 위한 제품을 사는 데 관한 한 말이다.

나는 독일문학 교수이자 두 아이의 어머니인 친구 세라에게 미국과 독일의 유아차 문화와 관련해

개인적인 견해를 물었다. 공공장소에서 부모들과 아이들에게 요구되는 사회의 기대가 어떤지 궁금했다. 이를테면, 일반적으로 독일의 도시들은 유아차에 좀더 호의적인지, 복잡한 양육 문제에 대한 전문가들의 조언이 더 현실적인지, 미국에는 없는 사회적 지원이 독일에는 있는지 같은 얘기들. 답신에서 그녀는 이렇게 썼다. "이건 아주 까다로운 질문이에요. 함정이 있죠. 아이와 육아 문제를 둘러싼 관행이 미국과 대비되는 다른 나라의 제도를 이상화하는 덫에 빠지기가 쉬워요." 우리가 메일을 주고받던 주에 미국의 출생률 감소 문제를 일부 다룬 모니카 헤세의 〈워싱턴포스트〉 기사가 내 주변 사람들과 직장 동료들 사이에서 화제가 됐다. 헤세의 개인적 경험에 비춘 글이었지만 그녀의 기사는 21세기 미국에 특정된, 혹은 특정된다고 느껴지는 수많은 육아 관행들을 꽤나 솔직히 다루고 있었다. 글을 썼을 당시 헤세는 첫째 아이의 출산을 기다리고 있었는데, 그녀는 글에서 자기가 왜 더 일찍 아이를 갖지 않았는지 설명한다. 그녀가 맞닥뜨려야 했던 가정들, 즉 그녀가 미성숙하고 게으르며 자기중심적이기 때문일 거라는 가정들에 조목조목 반박하는 방식으로. 그러면서 엄마가 되는 것이 불가능하다고 느낀, 태생적으로 개인적인 동시에 문화적일 수밖에 없는 이유들의 긴 목록을 제시했다.

임신과 출산은 피비린내 나고 지저분하며 살을 에는 과정이며, 미국 여성들은 그러고 나서도 아무런 법적 지원도 없이 퇴원한다. 신생아에게 필요한 온갖 용품이 담긴 핀란드의 무료 베이비 박스 같은 건 없다. 처음 부모가 된 사람들의 몸과 마음의 안정을 챙겨주러 당신의 집에 들르는 영국의 무료 조산사도 없다. 스웨덴의 무료 수유 상담사도, 독일의 산파도. 유럽과 한국, 이스라엘, 멕

시코, 칠레에 존재하는 유급 출산휴가는 꿈도 꿀 수 없다.

미국이 아이들과 엄마들에게 호의적이지 않은 국가라는 선입견이 생긴 건 단지 임신과 출산, 산후조리, 출산휴가 때문이 아니다. "미국이라는 나라가 엄마가 되기 어려운 곳이기 때문에 저는 아이를 갖지 않았던 거예요." 헤세는 이렇게 말을 끝맺는다. "그리고 이런 상황을 바꾸겠다는 모든 정책들이 여성들에게 그저 힘을 내라고, 로제 와인이나 한잔 마시고 명상 앱을 다운로드받아보라 말하는 데서 끝나버리기 때문이라고요. 이제 그런 것들 좀 집어치워요." 독일식 육아 방식을 낭만화하는 것은 산파 때문만이 아니다. 내가 상상한 독일 아이들의 어린 시절은 내가 세라에게 두 나라의 문화 비교를 요청했을 때 넌지시 비추었던 것처럼 짧은 에세이 몇 편과 외국의 육아 방식에 대해 가진 고정관념에서 비롯된 것이었다. 내 상상 속 독일의 유년기는 좀더 확장적이며 이상적인 모습에 가까웠다. 몬테소리풍 놀이를 할 수 있는 정원이 있고 아이들은 밝은색 나무로 만들어진 단단한 장난감을 가지고 노는 그런 모습.

　더불어 나는 비슷하게 스칸디나비아식 육아법에 관해서도 편협하고 낭만적인 관념을 형성해왔다. 몇 년 전 유아차 관련 기사에서 어느 쾌청한 겨울 오후 스웨덴 어린이집 바깥에 유아차들이 늘어선 사진을 본 적이 있다. 『나쁜 날씨란 없다』 『덴마크식 육아』 『세상에서 가장 행복한 아이들』 같은 책들도 집어 살펴보았다. 풍족한 미국 중상류층 특유의 육아법을 얘기할 때면 늘 가볍게 따라 나오는 유럽의 사례들을 나도 내 또래들과 마찬가지로 내면화해온 것이다. 이처럼 낭만화되고 실체가 모호한 생각들, 선입관이나 인상이 지니는 피상적인 특성이 의미 있는 문화 비교를 어렵게 만들며, 아마도 바로 이 때문에 세라가 내 질문이 까다롭고 우려된다고 말했던 것이리라. 하지만 동시에 우리가 다른 가능성을 알게 되면 현대 미국에서 받는 엄마 되기의 요구와 그 불가능성에 관해 더 잘 이야기할 수 있다고 생각한다. 또 그 이야기가 우리의 문화적 관행에 의문을 제기하고 변화를 촉구하는 발판이 되리라 생각한다.

"엘레나가 11개월에서 13개월일 때 독일에서 여름을 보냈어요." 앞서 전제를 밝혀둔 세라가 이어서 썼다. "독일 남서부에 있는 작은 도시 프라이부르크에서 한 달, 그리고 베를린에서 한 달을 보냈죠. 네, 맞아요, 대체로 독일에서는 아이들이 바깥을 돌아다니고 도시를 이리저리 거니는 일에 사람들이 익숙하죠. 지하철 계단에서나 고장난 엘리베이터에서도(고장이 잦아요) 잘 도와주고요. 그런데 갓난아기부터 조금 큰 애들까지 사람들이 아기띠를 정말 많이 써요. 특히 유아차로 오가기 힘든 작은 도시 중심가에서는요." 세라가 유아차에 딸을 태우고 에스컬레이터를 탔을 때의 일화를 들려주었다. "저는 시간이 없었고 기차역도 낯설

었거든요. 올라가는 내내 진로가 막혀 화가 난 어느 (물론 남자인) 통근자의 씩씩대는 소리를 들어야 했죠. 뭐, 이해는 돼요. 그래서 그에게 말했어요. '알아요, 내 잘못이에요.' 그도 그렇게만 말하고 넘어갈 수도 있었을 텐데, (끝이 보이지 않는) 에스컬레이터가 올라가는 내내 내게 설교를 늘어놨어요."

세라는 관련된 질문을 받으면 사람들에게 이렇게 대답한다고 했다. "전반적으로 독일 사회는 아이들에게 호의적이지만 아이를 중심으로 돌아가지는 않는 반면 미국은 사회가 아이 중심으로 돌아가면서도 아이들에게 호의적이지는 않아요. 에스컬레이터에서 내가 한 실수는 다른 사람의 시간을 내 아이를 중심으로 돌아가게끔 만든 거죠. 하지만 이렇게 배려가 강요되는 때가 아니면, 사람들은 대체로 내가 요청하지 않아도 나서서 저와 제 아이가 도시를 누빌 수 있도록 도와줘요." 그녀는 '엘테른-킨트 카페Eltern-Kind Café'*라는 곳도 알려주었는데 아이들을 위한 놀이 공간과 어른들을 위한 카페가 있는 곳이라고 했다. "어느 곳은 무료이고(커피는 제외) 어느 곳은 적은 입장료를 받기도 하지만, 기본적으로 부모들도 때로는 집 밖으로 나오고 싶어하는 인간이라는 공감대가 있어요… 그런데 미국에는 **절대로 생길 것 같지 않네요.** 여긴 소송을 하지, 보호를 하는 문화는 아니니까요(덧붙이자면, 독일의 놀이터들은 엄청나게 멋지고 무서워요!)."

뉴욕의 지하철 체계가 얼마나 유아차에 부적합한지 깨닫지 못했던 어느 무더운 여름날, 나는 코네티컷에서 그랜드센트럴까지 혼자 테아와 사이먼을 데리고 기차를 탔다. 미드타운에 도착하면 우리는 타임스퀘어 셔틀을 타고 도시를 가로질

---

* 독일어로 부모-자녀 카페라는 뜻.

러, 닉이 일을 마치고 저녁에 우리를 만나러 올 때까지 물놀이도 하고 아이스크림도 먹으려고 점찍어둔 장소로 이동할 계획이었다. 예전에 가족 여행으로 뉴욕에 왔을 때 나는 땀을 뻘뻘 흘리며 사이먼이 탄 유아차를 들고 계단을 내려가는 동시에 테아에게는 유아차 손잡이를 꽉 잡으라고 말하느라 기운을 다 써버리고 말았다. 그러다 누군가가 말없이 유아차 한쪽을 들어 승강장까지 안전히 내려주고 나면 눈물이 터질 것 같았다. 감사와 안도의 마음이 컸지만 창피했다. 어정쩡한 자세로 계단을 내려가는 우리를 피하느라 사람들은 우리를 빙 둘러가야 했으니 통행자들에게 끼치는 불편이 이만저만이 아니었다. 이런 일을 최소화하려고 찜통같은 여름 여행에 대비해 휠체어가 갈 수 있는 역을 확인해두었다. 우리는 지하철 승강장으로 가기 위해 그랜드센트럴을 가로질러 지도에서 미리 봐둔 엘리베이터가 있는 곳으로 서둘러 향했다. 지도에 표시된 곳에 정말로 엘리베이터가 있는 것을 보고는 조금 놀랐다. 엘리베이터 문이 열리자 나는 한 손으로 유아차를 밀며 한 손으로는 테아의 손을 잡아끌었다. 이내 문이 닫히는 순간 불쾌한 냄새가 훅 끼치며 엘리베이터 바닥이 5밀리미터쯤 소변으로 뒤덮인 걸 발견했다.

"아무것도 만지지마!" 엘리베이터 안에서 내가 외쳤다. 문이 열리고 악취가 코를 찌르는 웅덩이 밖으로 아이들을 떠밀며 나는 또다시 부끄러운 마음이 들었다. 젖먹이와 유치원생인 아이를 생면부지의 오줌으로 뒤덮인 엘리베이터를 타게 한 내 무지가 부끄러웠다.

지하철을 두 번 더 갈아타는 동안 테아가 내게 묻고 또 물었다. 아까 누가 엘리베이터에 쉬야 한 거예요? 나는 처음에는 모른다고 했다가, 그다음엔 어떤 사람들은 화장실을 이용하기가 어렵다고 더듬더듬 설명해보려 했다가, 이내 다시 잘 모르겠다고 얼버무렸다(내가 뭘 모른 건 사실이었으니까). 몇 년 후, 그랜드센트럴에서 엄마와 테아와 함께 통근 지하철을 다시 탄 적이 있는데 테아는 엄마에게 그때의 일을 전하며 내게 다시 물었다. 그때 누가 엘리베이터에 오줌 싼 거예요?

내가 웬디에게 접근성은 어떤지 묻자 그녀는 네덜란드에서는 실용주의가 문화적으로 우선시되어 공공장소의 설계에도 적용된다고 했다. 여기에는 접근성 문제도 포함되지만 이에 국한되지만은 않는다고도 했다. "모든 공공장소는 유아차가 필요한 아기나 어린아이들이 있는 가족들이 접근할 수 있어야 해요. 네덜란드에서 공공장소를 이용하는 데 문제가 된 적은 한 번도 없어요. 그건 '필수적인 것'이니까요. 미국에서 제가 한 경험은 극과 극이에요." 그녀는 뉴욕의 지하철을 예로 들며 "네덜란드에서 유아차가 이용할 수 없는 지하철은 없다"고 말했다. 이는 접근성이라는 더 큰 그림의 일부이자 유아차를 이용하는 부모들뿐 아니라 휠체어를 타거나 어떤 이유로든 계단을 이용할 수 없는 사람들을 위한 것이었다. 이것이 유아차를 끄는 부모들만의 문제가 아니듯—그리고 종종 사회에 그 이상의 영향을 미치듯—접근성 문제 또한 지하철 역사 내 엘리베이터만의 문제가 아니라는 것이다. "페어필드처럼 가족 친화적인 동네도 마찬가지예요." 웬디가 말했다. "인도에서 걷다 보면 어느 순간 차도로 내려갈 수밖에 없는 지점을 만나잖아요. 아기가 탄 유아차를 밀며 차도를 걷게 되는 거죠. 네덜란드에서는 그런 일이 생기지 않아요. 사람과 자전거를 위한 도로가 어디에나 있죠. 동네가 얼마나 시골이든 상관없어요."

마찬가지로 헤세가 〈워싱턴포스트〉에 쓴 글의 핵심은 공공장소의 공학적 설계, (유아차 또는 휠체어 이용자들의 접근 가능성 문제를 넘어선) 보행자 친화적인 도시계획, 기관의 식사와 간식 제공,

맨해튼에서 인라인 유아차를 타고 있는 테아와 사이먼.

사법 체계와 소송보다 더 넓은 차원이다. 헤세는 합리적인 비용의 보육 서비스, 배우자 출산휴가, 부모와 어린아이들에게 제공되는 기본 의료 서비스 등 사회적 지원 부족에서 오는 미국의 수많은 부모, 특히 여성이 느끼는 고립감을 지적한 것이다.

테아를 임신하고 있을 무렵, 나는 파멜라 드러커맨이 프랑스에서 아이들을 키운 경험을 바탕으로 쓴 『프랑스 아이처럼』을 읽었다. 프랑스 육아법에 특별한 관심을 가진 건 아니었지만, 모든 서점에서 나와 비슷한 여성들에게 이 책을 추천하고 있었다. 당시 서른세 살이던 나는 아이를 낳기에 어리지 않았는데도 주변에 출산한 친구나 동료가 거의 없었다. 프랑스 하면 떠오르는 육아 스타일, 아니 철학이라고 해야 할까, 실은 엄마가 되기 전에도 가져본 적 없는 고유성과 품위에 대한 환상을 지켜주는, 잘 포장된 어떤 삶을 상상해보는 일은 위안이 되었다. 비록 지금은 그것이 잘못된 생각이라는 걸 알지만. 내가 이해하기로 프랑스에서는 어린이집이 무상이며 점심으로는 데친 연어와 부드러운 치즈가 나온다. 또 프랑스 아이들은 오후가 되면 과자를 구운 뒤 정해진 간식 시간이 될 때까지 얌전히 기다린다고도 했다. 프랑스 엄마들은 아이를 낳자마자 곧바로 데이트를 하러 나가고 근사한 옷을 입으며 힐도 신는다고 했다.

일반적으로 엄마가 되는 일에 더해, 미국에서 엄마가 되는 일—온 가방에 골드피시 과자가 하나씩 들어 있고 대개는 개인으로서도 직업인으로서도 목표를 내다버리는 것 말이다—은 어딘가 더 낯부끄러운 구석이 있다는 감각 때문인지 이 책이 더 흥미롭게 느껴졌다. 나는 엄마에게 그녀도 분명 알고 있을 것이 분명할 질문을 던졌다. 프랑스에서는 아기도 어른 음식을 먹는다는 걸 알고 계셨어요? (고백하자면 나는 골드피시 크래커를 좋아한다. 그러니까 내 미국인 아이들도 내가 먹는 걸 먹는 다고 할 수 있다.) 내가 또 말했다. 프랑스에서는, 아기가 울면 부모들이 달려가지 않고 1분 정도 기다린대요. 아이들이 참을성을 기를 수 있게요.

『프랑스 아이처럼』을 읽던 당시 책에 수록된 요거트 케이크 레시피를 시도했다. 드러커맨은 이 케이크가 두세 살짜리 아이들도 구울 수 있을 만큼 쉬우며 케이크를 굽고, 간식 시간이 되어 케이크가 식을 때까지 기다리는 이 일련의 행동들이 바로 프랑스식 육아가 성숙함, 인내심, 예의 바른 태도를 가르쳤기 때문에 가능한 것이라고 설명한다. 책만 보면 허둥지둥하는 미국 엄마들이 세탁기에 마구잡이로 넣고 돌릴 수 있는 옷을 입고 더러운 미니밴 뒷좌석에 구겨진 미니 과자 봉지를 던져놓는 동안 프랑스 엄마들은 교양 있는 성인으로서 드라이클리닝을 맡겨야 하는 옷을 차려입고 우아하게 살아가는 것처럼 보인다(정해진 시간이 되면 테이블에 앉아 점잖은 태도로 자기가 만든 케이크를 먹는 참을성 많고 예의 바른 아이가 음식을 엎지를 가능성은 극히 낮으니까).

내 케이크는 덜 익고 비려서 먹을 수가 없었다. 독립해 산 지 10년이 넘는 성인 여성인 나는 프랑스 유치원생의 평균 요리 실력에도 미치지 못했다. 세련되고 우아한 프랑스 엄마는커녕 내가 막연하게 단순화한 프랑스 아이 수준도 되지 못했던 거다. 우리 가족이 프랑스어권인 스위스에 살던 시절 자주 느꼈듯, 나는 너무도 미국인이었고 너무나 산만했으며 너무 지저분하고 참을성도 없고 늘 배가 고팠다.

면적이 매사추세츠주 정도밖에 안 되는 스위스에는 다양한 문화가 존재한다. 우리 가족이 살던 로잔 바로 근처의 포데는 프랑스어 문화권으로, 여전히 라틴어 방언을 쓰는 알프스 산맥 지역이나 취리히 근처의 독일어권 지역, 이탈리아어를 쓰는 스키 타운보다 프랑스와 공통점이 더 많았다. 내 침실 창문에서는 제네바호수 너머로 흰 눈이 덮인 프랑스의 알프스산 정상이 보였다. 스위스에 사는 동안 나는 친구가 한 명뿐이었고, 자주 무언가를 잘못하거나 잘못 말하거나 잘못 그렸다(스위스에 살 때만 그런 것은 아니었지만 문화적으로 단절된 그 시기에 특히 심했던 것은 분명하다). 한번은 미술 시간에 체크무늬 치마를 입은 여자아이 그림을 그렸는데 누군가가 그 위에 빨간색으로 가위표를 치고 '틀렸음'이라고 써놓은 적도 있다. 패턴을 그리라는 지시는 없었던 거다.

프랑스 육아 문화를 낭만화하는 듯한 내 질문에 엄마가 되물었다. 1980년대 후반 스위스 프랑스 문화권에서 사람들이 아이들을 어떻게 대했는지 기억나는 게 있느냐고. 엄마는 우리가 포데가 어떤 곳인지 알기도 전에, 그리고 프랑스어를 처음 배우기도 전에 나를 미술관에 데려가고, 집안일을 돕게 하고, 식사 예절을 가르치고, 드라이클리닝해야 하는 드레스를 차려입고, 온갖 종류의 음식을 맛보게 하고, 우리가 떼쓰거나 징징거리게 두지 않고, 내 고집스러운 성격이 감당할 수 있을 만큼 인내하는 법을 가르치고, 아서왕 전설과 페로의 동화들, 『나니아 연대기』와 『초원의 집』 시리즈를 읽어주던 분이었다. 하지만 엄마는 내가 떳떳치 못한 미국식 육아법에 대한 해결책으로 제시한 지나치게 단순화된 다른 나라의 육아법에 당연히도 회의적이었다.

엄마는 태어난 지 두 달 된 내 동생을 유아차에 태우고 상점에 들어가려다 유아차를 밖에 두고 들어와달라는 요구를 받은 적이 있다고 했다. 북유럽의 아기들이 보호자 품에 안겨 일일 요구되는 비타민D와 신선한 공기를 만끽하는 이미지나, 맨해튼의 한 레스토랑에서 점심을 즐기는 동안 낮잠 자는 아기를 식당 밖의 유아차에 둔 죄로 체포된

덴마크 커플의 이미지가 무관심하다기보다는 코즈모폴리턴적으로 보이는 것과는 사뭇 달리, 이 스위스 부티크의 유아차 혐오는 아기를 향한 혐오, 울고 토하는 아기에 대한 혐오, 그리고 돌봄에 따르는 물리적 실체와 예측 불가능성을 향한 혐오로 보였다. 그곳에는 개는 반기면서도 아이는 출입금지라 쓰인 표지판이 걸린 레스토랑이 흔했다. 아동을 위한 옷이나 장난감을 파는 상점조차 종종 아이들이 들어가지 못했다. 엄마 얘기를 듣고 나니 흐릿한 기억이 하나 떠올랐다. 1980년대 말 고급 백화점의 눈부신 형광등 아래에서 부드러운 분홍색 개 인형을 쓰다듬으려고 손을 뻗었다가 점원에게 호되게 혼나고 깜짝 놀라 손을 거둬들였던 기억.

내 기억 속에서 스위스에 살던 어린 나는 프랑스어를 더듬거리고 억양도 이상하고 친구들은 벌써 만년필로 또박또박 글씨를 쓰는데 혼자만 투박한 연필로 글씨를 쓰던 외톨이 미국 애였다. 한편으로는 그때의 많은 기억이 꿈과 환상처럼 남아 있다. 에비앙으로 가는 배가 경쾌하게 뿌, 하고 경적을 울리면 호수에 메아리치던 소리, 아빠 직장 건너편 레스토랑에서 아빠가 이따금 사주던 아이스크림콘의 질감, 내 메리제인 아래로 느껴지던 자갈돌 깔린 거리. 그 기분 좋은 아이스크림과 조약돌과 오래된 거리에도 불구하고, 그 시절 외국에서 내가 느꼈던 주된 감각은 나 자신이 너무 크고(스위스에 갔을 때 나는 프랑스어를 전혀 못했기 때문에 학년을 하나 낮추어 들어가, 같은 1학년생들보다 한 살이 더 많았다) 너무 왈가닥이라는 것이었다. 아마도 이 모든 것들 때문에 내가 프랑스 육아책에 끌리게 되었을 것이다.

더 일반적으로는, 엄마가 되는 것이 육체적으로도 할 만한 일이며, 그렇게 낯설지 않고, 그렇게 혼란스러운 일도 아니라고, 또 엄마가 되더라도

—신체 변화와 수면부족, 다른 생명체의 생존을 중심으로 내 삶의 구조가 재편될 거라는 사실에도 불구하고—자기 결정권과 품위, 질서를 잃지 않으리라 말하는 수많은 프랑스 관련 책과 기사, 블로그 포스팅들 때문이었을 것이다. 프랑스 육아를 상상하면 남색 울로 된 옷을 입은 예민한 미각을 가진 아이들이 오후 간식 시간이 되어 자기가 만든 요거트 케이크를 맛볼 수 있을 때까지 참을성 있게 기다리는 모습이 떠오르고, 북유럽식 육아를 상상하면 건강한 아이들이 나무로 지어진 미니멀리즘 스타일의 어린이집에서 낮잠을 자고 (북극권의 해가 뜨지 않는 극야 주간도 물론 포함해서) 비가 오나 눈이 오나 바깥에서 노는 모습이 떠오른다. 미국 엄마들을 노리는 육아서는 한 가지 문화권에 국한되어 있지 않다. 육아서 분야의 하위 장르 하나를 충분히 채우고도 남을 만큼 차고 넘친다.

그곳이 어디든 부모가 된다는 것은 어려운 일이다. 아이들은 손이 많이 가고 예측 불가능하며 취약하고 소중하고 힘이 들고 때로는 이 모든 것을 아우른다. 연어를 점심으로 주는 어린이집에 아이를 맡기는 프랑스 엄마들도, 매끈하고 튼튼한 유아차를 밀며 장애물 하나 없는 인도 위를 누비는 네덜란드 엄마들도 힘든 건 마찬가지다. 자기 두 발로 안전히 걷고 스스로 먹기에는 아직 너무나 미약한 존재의 정서적·신체적 안락을 책임진다는 것은 고된 일이다. 사물들, 특히 유아차나 아기띠처럼 중요하고 비싸고 눈에 잘 띄는 사물들은 이러한 일들이 조금은 덜 고될 수 있게 디자인되었다. 또 이러한 사물이 사용되는 방식은 때때로 엄마와 아이가 그 사회에서 얼마나 가치 있게 여겨지는지 보여준다.

〈뉴욕타임스〉에 실린 앰버 위닉과 미셸 밀러 피셔가 쓴 『어머니 디자인하기』의 비평은 미국 문화

안에서 어머니의 역할은 과연 어떠한가를 짚었다. 임신과 어머니 되기가 하찮은 문제로 치부되어온 것은 비단 현시대만의 문제가 아니다. 이와 관련된 사물들이 바로 임신과 어머니 되기가 금기시되거나 여성 고유의 문제로만 여겨져왔다는 사실을 다양한 방식으로 증명하고 있다는 것이다. 위닉과 피셔는 다음과 같이 지적한다. "아기띠처럼 대단히 기본적인 물건들조차 우리의 환경이 부모와 아이들에게 얼마나 무관심한지 현실을 드러낸다. (…) 아기띠는 지하철 계단처럼 엄마들이 아이와 다니기 어려운 장소의 부족한 설계를 보완하기 위한 수단인 것이다."

스위스 상점이 엄마에게 유아차를 밖에 세워달라고 했다고 해서 스위스도 대개는 엄마와 아이를 환영하지 않는다느니, 독일 엄마들은 소송을 두려워하는 미국 엄마들과 달리 통합 조직으로 움직일 수 있기 때문에 자녀들에게 독립성을 부여해줄 수 있는 것이라느니 주장하는 것은 환원적이고 부끄러운 일일 것이다. 특정 문화의 육아 방식을 마냥 우호적으로 일반화하거나 낭만화하는 태도를 경계해야 한다는 세라의 말은 옳다. 그럼에도 미국의 막강한 소비문화와 가족 친화적인 환경을 만드는 데 투자를 꺼리는 의지박약 사이에는 분명 꺼림칙한 관계가 있다. 다른 나라 육아 방식에 대해 미국인들이 갖는 환상은 아마 헤세가 말한 대로 현대 미국 엄마들에게 요구되는 "비합리적인 기대들" 때문일 것이다.

4. 아기띠

1923년 슈얼은 유아차의 역사에 관해 터무니없는 주장을 하기 시작했다. "모든 나라의 의사들은 여성의 몸이 선천적으로 팔이나 등, 머리, 어깨로 아기를 안기에 적합하지 않다는 데에 동의한다. 이는 여성과 아기 양쪽에 다 해로우므로 작은 이동 수단이 필요하다." 물론 모든 국가의 의사들이 이에 찬성하지는 않는다. 대표적으로 최근 관심을 받고 있는 시어스 박사는 아기띠를 지지한다. 그러나 슈얼이 청중들에게 연설을 하던 당시에도 전 세계의 여성들은 오래전부터 자신과 아이를 다치게 하지 않고도 등에 (또는 가슴에) 자식을 안고 다녔다.

『어머니 디자인하기』에서 위닉과 피셔는 다음

과 같이 말한다. "아기를 안거나 업을 때 쓰는 물건은 아프리카대륙에서 사용한 커다란 천과 평원 인디언들의 지게식 요람, 아시아 일부 지역에서 자식의 행복을 기원하며 무늬를 수놓은 방한용 포대기 등 이미 오래전부터 세상 곳곳에 선례가 있었다."[278쪽] 이 책에는 부드러운 천이나 숄, 형태가 잡힌 아기띠에 안겨 있는 아기들의 모습이 실렸는데 장소 또한 태국부터 셀마-몽고메리의 흑인 참정권 운동 행진, 멕시코의 가무차에 이르기까지 다양하며, 사파티스타 민족 해방군 여성들이 가슴에 아기를 안은 채 카메라를 향해 포즈를 취하는 모습과 그 안에 안겨 젖을 먹는 아기의 모습도 있다.

나이로비에서 상점을 운영하는 아이린 왐부이는 2004년 〈가디언〉과의 인터뷰에서 사람들이 왜 유아차를 사는지 이해할 수 없다며 유아차를 "쓸모도 없는 딸랑이와 컵 홀더, 반사거울이 달린 차가운 철창"이라고 했다. 또 유아차에 태워진 아이를 "거리에 실려 다니는 애완동물"이라고 비유했다. 왐부이의 상점이 위치한, 중산층이 주로 오가는 쇼핑 거리에는 유아차를 쓰는 사람이 거의 없으며 워킹맘들조차 사용하지 않는다고 했다. 에밀리 왁스는 이 현상을 다음과 같이 설명했다. "영국 말로 '프램'이라 불리는 유아차와 아기띠의 출현이 그곳의 전통주의자들, 심지어는 왐부이처럼 그것을 판매하는 사람들까지 두렵게 하고 있다. 아프리카 주요 도시에서 유아차가 점차 늘어나고 있지만 여전히 흔하지는 않다."

왐부이는 이어서 말한다. "아프리카에서는 아이들을 안아주거나 돌아다니도록 내려놓아요. 아이가 혹처럼 우두커니 앉아 있는 일은 없죠." 나는 '혹'이라는 단어를 읽으며 유치원을 오갈 때 유아차 아래로 대롱대롱 매달린 사이먼의 긴 다리를

아기띠를 한 사파티스타군 여성들.

떠올렸다. 사이먼처럼 나이로 보나 키로 보나 다 큰 아이를 유아차에 태워 다니는 것에 대해 간혹 느끼던 막연한 죄책감이 다시금 상기되었다. 그와 동시에 방어적인 마음도 들었는데 성인인 나야 등하원 길 1.5킬로미터가 걷기에 딱 좋은 거리지만 네 살배기 아이가 걷기에는 멀고 느리며 인내심이 필요한 여정이 아닐까 싶었다. 어쨌거나 사이먼을 안고 유치원을 오가는 건 더 이상해 보였을 것이다(어쩌다 한번씩 유아차를 포기하고 사이먼을 내 어깨에 태워 유치원에 가면서 머리카락을 잡아당기고 까르르거리게 둔 적도 있지만 그러고 나면 슈퍼맨 놀이를 하고 난 것처럼 진이 다 빠졌다). 또 유아차를 쓰지 않았다면 사이먼을 카시트에 태우고 3분간 운전한 다음 주차할 장소를 찾는 데 5분을 써야 했을 것이다. 그럼에도 혹에 대한 비유는 정곡을 찌르는 데가 있다. 왁스가 인용했듯, 늦은 나이까지 유아차를 쓰는 세태와 소아 비만의 상관관계를 지적한 미국 소아과 의사들의 말을 들어보면 특히 그렇다.

왐부이가 말했다. "그뿐만이 아니에요. 나이

로비 길도 그런 수단에 적합하지 않아요. 사람들이 다 유아차를 쓰면 어마어마한 교통 체증이 일어날 거예요. 그건 우리 아이들에게도, 길에도 좋지 않죠." 비용도 만만치 않은 문제다. 왐부이가 상점에서 파는 유아차의 60달러라는 가격은 평범한 그곳 여성이 버는 한 달 월급의 반에 해당하는 금액이다. 왐부이의 고객 중 한 명은 유아차를 고가품이라 했고 젖병을 사러 들른 정부의 서기관은 "압박감을 주는 가격"이라고 했다.

나이로비의 소아정신과 의사인 프랭크 니옌가가 왁스에게 말한다. "유아차는 당신에게서 아이를 떼어놓는 데 대단히 효과적이에요. (…) 등에 업힌 아기들은 안락함 속에서 온기를 느끼고 엄마를 따르죠. 아기들은 안전하다고 느끼며, 안전한 사람은 행복을 느낍니다." 니옌가의 비판은 다양한 상황에서 제기되는 유아차 반대 의견을 떠오르게 한다. 나는 2009년 샘 멘데스의 영화 〈어웨이 위 고〉에 나오는 프리우스를 운전하는 위스콘신 대학교 교수 L.N.이 생각났다. "엘렌"이라 불리는 L.N.은 선물로 유아차를 받자 혐오스럽다는 듯 외친다. "난 애들을 사랑해! 유아차 같은 데에 떼놓고 싶지 않아!" 영화 속 대사는 엘렌이 고수하는 잘난 육아 철학의 부조리함을 드러내는 결정적 대사이기도 하지만, 동시에 시어스 박사가 주장하는 애착 육아, 그리고 아이를 유아차에 태우는 것에는 어딘가 차갑고 냉정한 면이 있다는, 만연까지는 아니더라도 끈질긴 우리 사회의 통념을 상기시키는 면이 있다.

내가 일상에서 만난 극렬한 유아차 반대론자들은 높은 확률로 엘렌 같은 여자들이었다. 부유하고 교육을 많이 받았으며 애착 육아(라는 특정 용어로 자주 언급되는 육아 철학)에 대해 막연한 지지를 보내는 백인 미국인들. "애정 표현도 애들한테 숨기려고?" 그녀는 유아차를 선물해준 손님인 버

영화 〈어웨이 위 고〉 속 유아차.

트와 베로나에게 묻는다. 그러고는 "부모가 애정 표현을 숨기는 것이 자녀에게 어떤 영향을 미치는지 아느냐"고 묻는다. 엘렌이 자기 부부는 그들이 "연속체 집"이라 부르는 곳에 살면서 세 가지 S, 분리separation, 설탕sugar, 유아차stroller를 극히 반대하고 있음을 설명하는 동안 대부분의 관객은 나와 마찬가지로 경악의 눈짓을 교환하는 버트와 베로나의 편을 들 것이다. 이 영화가 2021년에 만들어졌다면 스크린screen이 포함되어 네 가지 S가 금지되었을 것이다.

매기 질렌할이 연기한 엘렌은 그런 부류였고 나는 그녀를 보고 웃을 수 있다는 데에 안도감을 느꼈다. 나는 그녀처럼 설탕을 금지하거나 나의 핵가족과 방만큼 거대한 매트리스를 공유하거나, 초등학교 저학년까지 아이에게 젖을 먹이려 생각한 적은 꿈에도 없다. 하지만 수유는 그다지 어렵지 않을 거라 생각했고 내가 실제로 수유를 한 기간보다 더 오래할 줄 알았던 건 사실이다. 또 갓 태어난 아들이 아기띠 안에서 옹알이를 하거나 쌕쌕 숨소리를 내며 잠을 자고 딸은 나무로 만든 교육용 장난감을 가지고 얌전히 노는 동안 나는 채소로 만든 리소토를 휘젓는 황금색 환상을 품었다. 그러나 현실에선 테아가 4개월 차에 5킬로그램밖에 나가지 않아 소아과 의사에게 분유 샘플을 받았고 집으로 돌아오는 길에 닉이 스톱앤드숍에 들러 시밀락 분유를 몇 통 더 사는 동안 나는 자동차 뒷좌석에 앉아 딸에게 분유를 먹였다. 그뿐만 아니라 열혈 스크린 반대자로서 사이먼이 두 살이 될 때까지는 아이들이 놀고 있는 방에서 누군가가 TV를 켜고 스포츠 경기를 보면 (정신병에 걸린 사람처럼) TV를 끄라고 말하며 다녔다. 그러다 테아가 유치원 놀이터에서 〈겨울왕국〉을 몰라 게임에 끼지 못하게 되자 결국 TV를 허용했고 테아는 전과 같이 호기심 많고, 활발하고, 사려 깊은 아이로 자라고 있다. 결국, 매일 디저트를 먹고 한때 분유를 먹었으며 유아차를 타고 태어나자마자 거의 곧바로 자기 침대에서 잔 우리 아이들은 이제는 내가 저녁식사를 준비하는 동안(그야 물론 채소 리소토는 아니다) 영상을 즐긴다.

　아이들 몸에 코를 비비며 키우는 엄마들과 그렇지 않은 엄마들, 그러니까 유아차에 아이들을 태워 씩씩하게 거리를 활보하는 엄마들 사이의 긴장은 예술 안에서도 유구히 반복되었다. 21세기 초에는 (특히 큰 아기나 유아의) 모유 수유, 아기띠, 기기 노출 여부, 직업의 유무와 같은 것들이 엄마가 어떤 육아 방식을 따르는지 드러내는 문화적 표식이 된다. 베로나와 버트가 엘렌을 처음 만났을 때 엘렌은 일을 하고 있다. 하지만 그곳은 진보적인 것으로 유명한 위스콘신매디슨대학교이며, 인문학과이고, 오피스에 태피스트리 장식이 있으며 엘렌의 두 아이가 머물 수 있을 정도로 유연한 곳이다. 엘렌은 육아관 때문에 학교에서 적어도 한 명의 적을 만들고 만다. 동료의 아이를 돌봐주다 허락도 없이 수유를 한 것이다.

영화가 진행되는 동안 베로나와 버트는 특정한 문화적 기호를 가진 다양한 부모들을 만난다. 그중에는 술을 지나치게 많이 마시고 아이들이 듣는 곳에서 자식 욕을 하며 가슴의 단단한 정도와 모양에 따라 수유 효과가 다르다는 걸 농담이라고 지껄이는 부모도 있고, 아이를 가지려 애쓰는 한편 유색인 아이 다섯 명을 입양한 캐나다 부모도 있다. 또 최근 떠나버린 어머니의 무게를 온전히 감당하지 않게 하려고 필사적으로 딸을 지키는 싱글 아버지도 있다. 하지만 (탱크처럼 거대하고 튼튼한 유아차를 끄는 베티 드레이퍼처럼) 차가운 어머니의 전형과 엘렌 부류 사이에서 때때로 덫에 갇힌 듯한 모습을 극명히 드러내는 쪽은 엘렌 부류다.

대학교 1학년 때 내가 살았던 기숙사에는 아마도 대학원생일 젊은 부부가 살았는데 그들은 우리를 관리하는 역할을 했다. 한 달에 한 번, 부부는 우리 방 두 개 정도 크기인 자신들의 방으로 학생들을 초대했다. 우리는 과자도 먹고 게임을 하면서 서로 친해지는 시간을 가졌다. 참석이 의무가 아닌데다 그 모임은 나처럼 성실한 사람에게조차 지나치게 진지해, 한 번 참석한 뒤로 다음부터는 가지 않았다. 그 진지하고 신중한 분위기가 어디서 오는 걸까 생각해본 적이 있는데 부분적으로는 그 부부에게서 풍겨나는 듯했다. 당시에는 나보다 나이가 훨씬 더 많아 보였지만 아마도 20대 중반이었을 그들은, 남자는 사각 턱이 인상적이었고 여자는 딱히 과체중은 아니었지만 아이를 낳은 사람다운 몸매였다. 이따금 아기띠로 막내를 안고 있는 여자를 마주치기도 했는데—금발의 삼 형제였던 듯하다—나는 아이들과 결혼, 평범한 가정생활에 관심이 없다는 걸 보여주기 위해 조금은 의도적으로 그들을 못 본 체했다. 그런 그들의 모습을 보며 친구들과 함께 웃었던 기억이 난다. 아기띠며 아이들에게 수어를 가르치던 모습 같은 것들을 두고 말이다. 그들은 청각장애가 있어서가 아니라 아이들이 말하는 법을 배우기 전에 의사소통을 하려고 수어를 가르쳤다.

2000년이 아기띠가 새로울 연도는 아니었지만 내가 속한 세상에서 흔한 물건은 아니었기에 아기띠에 안겨 있는 아기를 본 우리는 그 가족이 유별나다고 생각했다. 우리 엄마는 남동생을 유아차에 태웠고 나는 러닝용 유아차를 밀며 달리는 사람들을 숱하게 보았다. 20세기 후반 미국은 아기띠 사용이 점점 보편화되고 있었음에도 나는 주변에서 슬링이나 아기띠를 멘 부모를 본 기억이 없다.

인류학자인 어레이디어 윈덤은 자신의 연구를 바탕으로 블로그 '아기 역사학자'에 임신과 아이

돌봄의 역사에 대한 글을 썼다. 그녀는 아기띠에 대한 미국인들의 태도가 제2차세계대전 이후 나타난 베이비붐을 기점으로 변했다고, 그게 아니라면 적어도 그것이 변화의 시발점이 되었다고 말한다. 윈덤은 예술 안에 나타난 아기띠의 모습을 연대순으로 살펴본다. 3500년 전 이집트 무덤의 벽화부터 중세시대까지(성 크리스토포로의 아기 포대 안에 안긴 아기 예수의 모습을 포함하여), 또 등에 아이를 업고 말 위에서 싸우는 인도의 락슈미 바이* 조각상, 고된 노동을 하며 동시에 자식까지 돌봐야 해서 아기띠를 멘 현대 미국인들이 등장하는 1951년 스펜서 트레이시의 영화 〈귀여운 선물〉과 로레인 핸스버리의 〈태양의 계절〉에서도 다양한 모습의 아기띠를 볼 수 있다. 윈덤은 말한다. "20세기 북미에서 아기띠를 사용하는 것은 새로운 개념이 아니었다. 그러나 서구권에서 그것은 중세시대부터 (…) 빈곤 또는 유랑의 상징이었다

---

* 북인도 잔시의 여왕이자 인도 독립전쟁을 이끈 독립운동가.

아기띠로 사이먼을 안고 다같이 사진을 찍은 모건 가족.

(사실 지금도 그렇다)."

미국에서 아기띠가 보편화되고 인기를 얻자, 예상대로 서구 여성들이 이를 사용하는 것이 문화적 전유인가 아닌가에 대한 논란이 생겨났다. 유아차가 보급되면서부터는 아기를 업는 일이 노동자 계급과 가난한 어머니들에 국한되기는 했지만 서구권에서도 오래전부터 아기띠를 사용했다고 윈덤의 연구는 설득력 있게 주장한다. 내 경우에는 생각했던 것보다 아기띠를 자주 쓰지 않았다. 한번은 테아가 놀고 있는 동안 사이먼을 안고 요리하느라 썼는데 흔치 않은 일이라 자랑스러운 표정으로 찍은 가족 사진도 있다. 그 외에는 정말 몇 번 정도만 썼다. 하이킹을 가거나 사과 따기 체험, 도시에 갈 때 정도? 그것도 아이들이 6개월이 채 안 되었을 때, 고르지 않은 길이나 사람 많은 계단을 이동해야 해서 버클 다섯 개를 끼웠다 풀었다 하는 것보다는 손을 자유롭게 쓸 수 있고 아이가 내 품에 있는 편이 더 수월할 때에만 썼다. 그래, 그게 더 달콤하기는 했다.

열여덟 살의 나는 아기띠를 메는 미국 여성이

문화적으로 함축하는 바가 너무 진지하고 신실하다고 생각했지만, 앤과 저녁을 먹던 당시에는 나 또한 진지하고 신실한 삶을 살고 싶다는 열망에 사로잡혀 있었다. 프랑스 엄마 육아법, 노르웨이 아이들의 행복 비법, 아이 주도 이유離乳에 관한 책들을 읽으며 나는 앤과 함께 동료들의 베이비 샤워를 보며, 그리고 대학교 기숙사에서 가정을 꾸린 대학원생 부부를 보면서 눈알을 굴리던 사람과 아이를 낳아 그 손을 꼭 잡고 이 두렵고도 아름다운 세상을 함께 걸어나가고 싶은 사람 사이에서 타협점을 찾고 싶었다.

하지만 현실에서 그런 적정 지점을 찾기란 너무나 어려웠고 아무리 애를 써도 내 몸은 테아를 먹일 수 있을 만큼 젖을 만들지 못했으며 나는 내 아이에게 줄 이유식을 손수 만들 만큼 계획적이거나 참을성이 많지도 않았다. 그래서 우리는 유아차와 분유, 그리고 분명 설탕이 들었을 테고 늘 유기농도 아니었던 아기용 퓌레를 샀다.

처음으로 테아에게 분유를 타줄 때는 분유가 다 떨어지진 않을지, 분유를 탈 물이 없으면 어떻게 해야 할지, 젖병을 두고 나오거나, 잃어버리거나, 아무튼 뭔지 모를 이유로 쓰지 못하면 어쩌나 온갖 걱정을 했다. 단순히 편안함이나 최고의 기쁨 같은 것이 아니라 테아의 생존에 필요한 뭔가를 내가 줄 수 없는 상황을 상상하면 등골이 오싹해졌다. 그 무렵 시리아 난민에 관한 소식이 미국 언론을 뒤덮고 있었고 나는 어느 단체에서 아기띠를 기부받고 있다는 사실을 우연히 접했다. 아기를 안고 피난길에 오른 여성들을 위한 것이었다. 나는 곧장 내 것을 챙겨 보냈다. 그리고 며칠 동안 침대맡에서 아이들에게 동화를 읽어주며, 그 아기띠가 동유럽 어딘가를 향해 가고 있는 모습을 상상했다. 그것이 하루빨리 도착해 한 아이를 품어줄 수 있기를, 한 어머니의 그 참혹한 길이 미약하게나마 수월해지기를 바랐다.

5. 현관의 유아차

시릴 코널리: 현관의 유아차만큼 좋은 예술과 창작을 방해하는 음울한 적은 없다.

셰인 존스: 현관의 유아차는 음울한 적이 아니었어요. 초췌한 눈을 하고 혈관에 커피를 수혈하며 무모하게 아버지라는 새로운 세상에 발을 들인 저였기에, 작품을 만들어내는 것이 도리어 그 어느 때보다 더 중요하게 느껴졌어요.

스티븐 윈게이트: 시릴 코널리가 아이를 갖는 일이 (…) 좋은 예술과 창작의 적이라고 말하는 걸 들었을 때, 죄송해요, 제가 좀 흥분했네요, 제 경우에는 오히려 아이를 갖지 않는 편이 좋은 작

품의 적이 되었어요. 아버지가 된다는 건, 비로소 나만의 도랑을 내고, 나만의 나무들을 베고, 나만의 문학적 집을 짓는 땅으로 나아가는 것을 의미해요. 대중이나 업계 사람들은 영향을 주지 못해요. 나와 내 손가락에서 흘러나오는 단어들만이 남는 거죠. (…) 아, 현관의 유아차도 남죠. 유아차는 마침내 나만의 욕망을 넘어선 의미를, 제 삶에 준 거예요.

스테퍼니 메리트: 아들을 낳고 처음 10년 동안은 시릴 코널리의 말이 맞다고 생각했어요. 제가 쓴 책 여덟 권 중 일곱 권은 괜찮은 엄마가 되려고 갖은 애를 쓰는 동안 나왔는데도 말이죠. "애를 쓰는 동안"이라고 말한 건 제가 늘 무언가에

쫓기고, 상황에 휘둘리고, 일과 아이를 모두 소홀히 하고 있다는 느낌을 받아서예요. 이건 직업이 뭐든 간에 아마 대부분의 워킹맘들이 느끼는 감정이겠지만, 제 경험상 창작이야말로 부모 역할과 조화를 이루기가 특히 어려운 것 같아요. 가장 두드러지는 난점은 창작에 최상의 에너지와 주의력이 필요하다는 거죠. 아이들도 마찬가지예요. 사람들은 작가가 시간 조정이 자유로워 아이를 키우며 일하기에 이상적인 직업이라고 생각해요. 소설을 써보지 않아서 그래요. 가상의 세상을 만들어낼 때는 정말로 그 안에서 살아야만 해요. 그건 시간과 고독을 필요로 하고, 이 둘은 엄마에게는 거의 없는 것들이죠. 부모가 된다는 것이 소설가나 드라마 작가, 작사가, 작곡가에게 값을 매길 수 없는 감정을 느끼도록 해주는 것도 사실이지만, 고된 일들이 그렇듯 이런 작업들은 아이를 돌보기 위한 지루하고 일상적이고 기본적인 모든 잡무를 누군가가 해줄 때에야 비로소 가능해요.

셰인 존스: 저는 영감이 폭발하듯 흘러넘쳤어요. 좀 두서없고 거친 것들이긴 했지만요. 몇 주는 샤워를 하거나 거울을 본 기억조차 없어요. 갑자기 시간에 제한이 생기니 일을 할 수만 있다면 그 겨를이 바로 광산이나 다름없었고 전에 없던 속도로 일을 해나갔어요. 발견하고 다듬고… 제가 고등교육을 받고 비교적 괜찮은 직업을 가진 백인 남성이기에 이런 생각을 할 여유가 있고 지금 같은 인터뷰를 할 수도 있다는 걸 잘 알아요. 제가 종일 아이와 집안을 돌봐야 하는 여성이라고 생각하면, 내 품에 달라붙은 아기를 안은 채로 소설을 써야 한다고 생각하면 식은땀이 나요. 그러면 일을 하기가 훨씬 더 어렵겠죠. 제 아들의 주 양육자인 아내 멜라니는 풀타임 학생

이고 파트타임으로 마사지 일도 해요. 저는 작업실에 오면 커피를 한잔쯤 마실 수 있지만 그녀는 생각에 잠길 여유 따윈 거의 없을 거예요.

스테퍼니 메리트: 압박감이 집중력을 높여준다는 데는 동의해요. 분명 전보다 지금 일을 훨씬 더 빠르게 하고 낭비하는 시간도 적어요. 제 두 번째 소설은 출산휴가중에 아들이 잠들면 매일 밤 거의 제정신이 아닌 상태로 허겁지겁 썼어요. 이런 작업 방식은 아무에게도 추천하고 싶지 않아요. 유명한 사례들이 있긴 해도요. 좋은 작품을 만들려면 그 과정에서 몽상하고 완전히 몰입할 수 있는, 무엇보다 실패해도 괜찮다는 여유가 필요하죠.

어맨다 패리시 모건: 그래도 부모가 된 것이 어떤 종류의 몰입에는 도움이 되는 것 같아요. 꿈꾸는 일 같은 것 말이죠. 동네를 걷는데 전에는 한 번도 알아차리지 못했던 사람들, 집들, 풍경들이 보이더라고요. 또 〈겨울왕국〉 사운드트랙을

틀어놓고 운전을 하다보면 〈올 싱스 컨시더드All Things Considered〉*를 듣거나 오디오북을 1.25배속으로 들을 때와는 다르게 마음이 풀어져요. 아마도 제 잠재의식이 평소 아이들에게 읽어주던 동화와 애들 질문과 뒤섞여 그런 거겠죠.

프랭크 코트렐 보이스: 왜인지 설명하기 어렵고, 저도 잘 모르겠지만, 아이들은 제 작업에서 매우 중요해요. 책이나 영화를 위해 조사차 출장을 가야 할 때면 저는 보통 가족을 동반합니다. 눈과 귀가 많을수록 유용하기도 하지만, 가족과 함께 있을 때 사람이나 장소가 제게 더 열리는 느낌이에요.

스테퍼니 메리트: 어쩌면 코널리는 더 큰 얘기를 하는 건지도 모르겠어요. 그러니까, 부모가 되면 예술이 삶에서 가장 중요한 유일한 것, 당신의 온 시간과 에너지를 바칠 것이 더이상 아니게 된다는 얘기를요. 그리고 그게 처음에는 타협으로 느껴질 수도 있다는 점을요.

어맨다 패리시 모건: 유아차를 끄는 일은 제 속도를 늦추고, 그래서 제가 전에는 몰랐던 방식으로 세상을 보고 느끼게 해줘요. 그렇게 산책을 하거나 조깅을 하다가 아이가 가만히 평화롭고 안전하게 숨을 내쉬며 낮잠을 자면 그곳이 풀밭이든 현관이든 얼른 노트북을 꺼내 엉망으로라도 일단 재빨리 글을 써요. 이런 식으로 아이들을 돌보며 짬을 내 글을 쓰고 있어요.

* NPR 대표 시사 프로그램.

6. 유아차의 선과 악

『프랑스 아이처럼』이니 '애착 육아'니 하는 것들이 나오고, 모유 수유를 얼마나 오래 했는지에 따라 모성애의 정도를 판단하기 전, 내가 처음으로 상상한 이상적인 모성의 이미지는 어린 시절 내 침실에 걸려 있던 메리 커샛의 그림 〈녹색 배경 앞의 엄마와 아기〉에서 왔다. 그 그림은 남동생이 태어나기 전 엄마와 함께 간 오르세미술관에서 내가 고른 것이었다. 당시 일곱 살이던 나는 집에 곧 갓난아기가 태어난다는 사실, 그리하여 내 어린 시절이 곧 사라지리라는 사실을 어렴풋이나마 감지하고 있었다. 아기와 목욕 스펀지, 유아차가 어쩐지 부드럽고 달콤하게 보이기 시작했고 이것들이 그리워지리라는 다소 감상적인 기분을 느끼고 있었던 거다.

〈녹색 배경 앞의 엄마와 아기〉 그림에서는 갈색 머리를 단정하고도 편하게 묶어 올린 빅토리아 시대의 젊은 엄마가 아기의 뺨에 자신의 뺨을 비비고 있다. 하얀 잠옷을 입은 아기는 정면을 응시하며 통통한 손가락을 빤다. 커샛의 다른 그림들처럼 엄마에게서는 왠지 모르게 신비로운 느낌이, 아기에게서는 천사 같으면서도 뻔하지 않은 묘한 분위기가 풍긴다. 뾰족한 사춘기를 지나고 외로운 청년기를 지나는 동안에도 나는 그 그림을 간직해왔고(비록 벽이 아닌 벽장 속이긴 했지만) 아이를 낳고는 처음엔 테아 방에, 지금은 사이먼의 방에 걸어두고 있다.

사람들은 때때로 모성과 돌봄을 위해 수반되는

노동에 가치를 부여하려다 아이들의 일면만 과장하거나 조롱하기까지 한다. 아기를 먹이고 씻기고 옷을 입히는 등 반복되는 노동에서 오는 지루함과 유치원과 다른 학부모, 사회의 요구에 휩쓸려 본래의 자신을 잊게 될 위험 등을 주로 언급하면서. 동시에 어머니는 아이라는 존재가 지니는 취약성과 개방성, 호기심, 그래서 부모로서 겪게 될 위험도 인정해야 한다. 하지만 아이들뿐만 아니라 어머니인 여성들까지 모성을 사회적, 도덕적, 심지어는 종교적 선으로 규정하는 세태는 빅토리아시대의 가정 숭배와 21세기의 생물학적 본질주의를 떠올리게 한다. 나는 돌봄을 진실로 가치 있게 만드는 것에는 지루하면서도 무의미하게 느껴지는 일, 취약성에 대한 인정, 설명하기는 어렵지만 신중하게 아이를 키우는 일에 따르는 도덕적 책임까지 전부 포함된다고 생각한다.

어른이 되고 나서 많은 사람들이 커샛이 지나치게 감상적이라고 여긴다는 것을 알았다. 이해는 하지만 공감하지는 않는다. 그녀 그림 속 어머니들의 온화함, 벌거벗은 아기들의 엉덩이, 무언가

갈구하는 듯하면서도 어쩐지 만족스러운 듯한 이들의 눈빛, 나무가 우거진 숲길과 보트, 응접실과 공원 벤치들, 이 모든 요소들은 모성애의 순수함과 인내심에 대해 확신하게 만든다. 모성애를 순수함과 결부하는 것은 감상적인 동시에 위험한 일이지만 커샛의 그림은 그 어느 쪽에도 속하지 않는다.

그녀의 그림을 보면 사랑스럽고 온화하며 상냥하고 사려 깊은 엄마가 나를 이렇게 키웠겠구나 하는 생각이 들어 좋다. 내 아이들의 어렸을 적 통통한 뺨과 목욕통, 아이들을 꼭 안으면 느껴지던 촉감도 생생히 느껴진다. 내가 아이들에게 느끼는 감정은 **감상적이다**. 아이들을 꼭 안고 싶고 깨끗하고 안전하게 해주고 싶은 욕망은 아주 강렬하기에 대단히 실체적이면서도 추상적이다. 나는 아이들을 위해 요리하고 선크림을 발라주고 자전거 헬멧을 씌우고 카시트와 유아차의 벨트를 채운다. 이제 아이들은 토실토실하지도 않고 천사 같은 아기 얼굴도 아니고 팔다리도 길쭉하지만, 종일 숲에서 놀다가 욕조에 들어가 깨끗이 씻고 나와 젖은 머리에 말간 얼굴을 하고선 요정과 마법사와 여우가 나오는 동화를 읽어주는 내게 기대어 잠들면 내 안에 안도감, 삶의 의미, 만족감, 이런 것들이 한데 뒤섞여 차오르는 것을 느낄 수 있다.

「메리 커샛: 현대 여성인가, 진정한 여성성을 향한 숭배인가」라는 논문에서 노마 브루드는 아이를 낳은 적 없고 작품성으로도 대중적으로도 큰 성공을 거둔 커샛이 보수적인 빅토리아 여성들의 지지를 얻게 된 배경을 설명한다. "커샛은 선과 순수의 상징인 아이들에 둘러싸여 행복하고 만족감에 젖은 어머니들을 그렸다. 모성과 그 기쁨을 신격화하는 이 그림들은 프랑스에서 출산율 감소가 심각한 문제이던 때 그려졌다. 당시 사람들은 이 문제에 대해 발작을 일으킬 정도로 걱정했다." 이는 현대 미국에서도 크게 경각심을 갖는 주제다. 빅토리아시대 사람들은 여성의 가치를 모성의 도덕성에 대한 논쟁 속에서 좁게 규정하며 인식했다. 다시 말해, 모성이 심오하고 도덕적이며 윤리적인 것이기에 여성은 존경받을 자격이 있다는 것이었다. 그들은 "'차이 안에서의 평등'이라는 개념"을 통해 남성과 여성을 깔끔히 구분했고 이는 "사회와 가정 내 성별에 따른 역할 분담을 옹호"[Brude]하는 철학에 근거한 것이었다. 모성은 그것이 수반하는 도덕적·윤리적 행위를 포함한 다양한 요소들과 함께 평가되어야 한다. 그러나 여성을 오로지 모성으로만 정의한 빅토리아시대 사람들의 경향은 오히려 커샛의 작품과 그에 대한 반응을 더 복잡한 문제로 만들었다. 만약 여성의 가치가 어머니로서의 업적으로만 정의된다면 어머니가 아닌 여성이 그린 어머니 묘사는 어떻게 봐야 할까?

내가 테아와 사이먼에게 읽어준 수많은 동화와 어린이용 고전소설에는 언제나 사랑스러운 어머니들과 따뜻하고 상냥한 여자들이 차갑고 쌀쌀맞은 여자들과 함께 등장했다. 때때로 그 여자들은 새어머니이기도 마녀이기도 고아의 심술궂은 보호자이기도 했다. 아이들이 그 상상 속 세상에서 시간을 보낼 때 악당들은 『소공녀』의 미스 민친, 『사자와 마녀와 옷장』의 마녀 자디스, 디즈니 영화 속 라푼젤을 납치한 마녀 어머니의 모습을 하고 나타난다. 그럴 때 나는 혼자 마음속으로 메리 커샛의 어머니들, 바라건대 내가 최고의 컨디션일 때 닮고자 하는 그 어머니들이 장면 밖에서 아이들을 위해 욕조 물을 받고 있다고 상상하며 즐긴다. 악당에 대항하는 좋은 어머니의 원형으로서 말이다. 결국 빅토리아시대의 모성 이미지는 대부분 상류층이 소유했지만 사용은 주로 하인 계층이 귀중한 소비재로서의 화려하고 값비싼 유아차처

커샛의 〈보모〉.

럼, 어머니 그리고 양육자의 원형과 직접적인 영향을 주고받아왔다고 볼 수 있다.

아일랜드 작가 로디 도일의 단편 「유아차」에는 불우한 환경에서 자라 살인 충동에 시달리는 불안한 인물인 폴란드인 보모 알리나—커샛 그림 속 보모의 현대 버전이려나?—가 등장한다. 그녀는 어느 부유한 더블린 가족과 함께 살게 되는데 소설 초반부에 아침마다 막내를 구식 유아차, 즉 프램에 태워 긴 산책을 다녀온다. 알리나를 고용한 인색하고 통제적이며 못된 어머니는 딸들에게 그 프램이 마법에 걸렸다고 한다. 알리나는 이 버릇없고 마찬가지로 못된 딸들은 끔찍이 싫어하지만 아기는 소중히 돌보는데, 매일 유아차에 그 남아를 태워 물가를 따라 걷고 그곳에서 연인을 만나다가 결국 모욕을 당한다.

2005년에 쓰인 도일의 소설은 동시대를 다루고 있기에 이 구식 유아차는 의도적으로 설정된 시대착오적 사물이다. 오랫동안 그런 유아차를 본 적이 없는 알리나는 할머니가 비슷한 것을 썼던 모습을 떠올린다. 한편 휴대전화에서 손을 떼지 못하는, 직업상 사회적 지위가 높은 알리나의 고용주—그녀는 자식들조차 자신을(오렐리라는) 성으로 부르게 한다—에게 이 유아차는 중요한 도구인데 그 안에 타는 아기보다 더 소중해 보이기까지 한다. "옆면이 긁히지 않게 해요." 그녀가 알리나에게 말한다. "무척 귀한 거니까." 알리나가 이 유아차가 가보인지 묻자 오렐리가 답한다. "아니… 산 거예요… 그냥 조심히 다뤄요." 크고 무겁기만 한 구식 프램에 비하면 알리나가 매일 걷다가 마주치는 다른 여자들은 "바퀴가 셋이나 넷 달린 최신식 경량 유아차를 밀었다. 알리나는 그들이 부러웠다. 프램은 무거웠고 바다에서 불어오는 바람이 계속해서 그 덮개를 후려쳤다."

프램에 탄 아기들이 묘사된 수많은 빅토리아시

대 이미지들—뻣뻣한 포즈의 사람들이 나오는 흑백사진이나 메리 커샛의 〈보모: 정원의 아기〉 같은 그림들—에는 어머니가 아닌 고용된 보호자가 등장한다. 아이린 왐부이가 내비쳤듯 보호자가 유아차를 밀 때 아이와 멀어지는 딱 팔 길이쯤의 거리가 유아차의 정서적 경직성과 거리감을 드러내는 것만 같다. 프램의 경제적 가치만을 따져 그것을 떠받드느라 아기의 이동을 무언가 두려운 것으로 만들어버린 오렐리의 열정은 그녀의 차가운 성격을 암시한다. 아기에게만큼은 다정한 알리나조차 유아차를 아이와 거리를 두기 위한 수단으로 사용한다. 매일 유아차에 아이를 태우고 산책을 나서서 연인을 만나는 그녀는 유아차를 내버려둔 채 연인과의 키스에 몰두한다. "[아기가] 웃었다. 그리고 몸을 흔들었다. 아기가 울기 시작했다. 프램이 마구 흔들렸다."[Doyle, 158쪽]

몰리 E. 퍼거슨은 〈캐나디안 저널 오브 아이리시 스터디〉에서 단편 「유아차」가 실린 소설집 『추방자들』이 21세기 초 아일랜드 사람들이 이민자들과의 관계를 재조정하는 방식을 중점적으로 다루고 있다고 보았다. 여기서 알리나와 가학적인 고용주의 관계는 계급과 권력을 고찰하는 상징처럼 보인다. 알리나는 유아차가 마법에 걸렸다는 오렐리의 얘기를 한층 더 발전시켜 귀신이 들렸다며 딸들을 겁주는데 이는 순전히 악의에서 나온 행동이다. 알리나는 딸들을 너무 싫어해 죽이고 싶어하기까지 한다. 하지만 "실제로 아이들을 죽일 마음은 없다. 그녀는 그런 일을 할 수 있는 사람이 아니다. (…) 하지만 겁을 줄 수는 있다."[160쪽]

알리나의 귀신 들린 유아차 이야기에는 목수들이 나온다. 어두운 숲에 사는 마녀가 마을의 아기들을 납치해 녹이 슨 낡은 유아차에 태워 데려간 다음 살가죽을 벗긴다고도 했다. 시간이 흐르면서 이야기는 점점 더 생생해지고 소녀들은 물론 알리나까지 그걸 믿게 된다.「유아차」의 결말에 이르러 알리나는 정신착란 끝에 고용주를 죽인 뒤 유아차를 끌고 바다로 간다. 진흙이 뒤섞인 썰물이 밀려오고 파도에 휩쓸려가기 직전, 유아차 바퀴가 운 좋게 어딘가에 걸려 아기는 목숨을 구한다. 소설은 아일랜드해가 텅 빈 유아차를 삼키는 장면으로 끝이 난다. "아기가 진흙 [위 퀼트 담요] 위에 누워 있다. 파도는 물러났다 이내 다시 밀려왔다. 물이 차올라 담요를 적시고 마침내 집어삼켰다. 사람들이 아기와 몸부림치는 여자를 다리 위로 끌어올렸다. 유아차는 차오르는 물 위에 떠가도록 내버려두었다."[178쪽]

알리나는 그 값나가고 소중한 유아차에 귀신이 들렸다고 하지만, 우리는 경찰이 그 안에서 아이 하나만 발견한다는 사실을 알게 된다. 알리나가 말하는 것처럼 저주받은 것까진 아닐지 몰라도 빅토리아시대의 미학과 비실용성, 소유주의 지위를 상징하기도 하는 유아차가 위험한 유물처럼 보이는 것은 사실이다. 전통, 빠르게 변하는 아일랜드, 유아차와 휴대전화, 크고 거추장스러운 유아차의

121

존재감과 경직성, 그 옆에 놓인 작디작은 아기의 부드러움, 냉담하고 차가운 어머니와 태만하고 폭력적인 보모, 평화와 위험, 아이와 죽음처럼 서로 어울리지 않는 것들이 모두 충돌하는 장인 유물.

세라에게 독일 공공장소의 인프라와 접근 가능성, 아이 친화 수준에 관해 묻자 그녀가 흥미로운 얘기를 해주었다. 독일의 아동 친화적 분위기가 여성과 남성의 역할이 분명히 구별된다는 전통적 관념 때문일 수도 있다고 말이다.

한 가지는 꼭 짚고 넘어가야 하는데, 독일의 일부 아동 친화적인 정책들은 옛 사고방식인 성차별주의와 관련이 있다는 거예요. 도시에서 멀리 떨어진 곳이나 더 보수적인 지역에서는 특히 그래요. 당신의 메일을 읽었을 때 내 머릿속에 가장 먼저 떠오른 단어는 'Rabenmutter'였어요. 영어로는 'raven mother'(까마귀 엄마)라고 번역할 수 있는데, 여전히 일하는 여성들, 그러니까 '자식이 남의 손에 자라게 하는' 여성들을 모욕할 때 쓰이는 말이에요. 어떤 학교들은 여전히 비표준 시간으로 돌아가고 있어요(하교시간이 들쭉날쭉하고, 집에서 점심을 먹고, 뭐 그런 것들 있잖아요). 독일이 가족 친화적인 정책들을 펴는 이유 중 하나는 여성들이 장애물을 인식하고 아이를 낳지 않기로 선택하면서 출산율이 떨어졌기 때문이에요.

모성 숭배란 모성의 중요한 역할을 칭송함으로써 여성을 특히 모성에 관해서만, 혹은 오로지 모성으로서만 숭배하는 것인데, 이 둘은 모두 한계가 있다. 그러므로 저주받은 유아차에 관한 통념이나 (엘렌의 말을 빌리자면) 어머니에게서 분리된 아기가 폭력적인 침입자들이나 마녀, 정신병을 앓는 보모의 착취, 해악에 취약하다는 편견은 여성의 가치를 어머니라는 지위와 연결하려는 주장, 즉 여성이 어머니임에도 **불구하고** 존경받을 만하다거나 어머니이기 **때문에** 존경받을 만하다는 주장과 맞닿아 있다.

구식 유아차와 아기를 태우는 수단이 묘사된 이미지들을 찾다보니 1925년 영화〈전함 포템킨〉스틸을 만나게 되었다. 유아차 위에 있는 아기는 울고 있고 유아차는 죽거나 다친 몸들이 널브러진 돌계단 가운데 금방이라도 넘어질 듯 위태롭게 서 있다. 영화를 본 적 없는 내게도 너무나 친숙한 장면이었다.

〈전함 포템킨〉은 1925년 소련 무성영화로 러시아 함대에서 일어난 반란과 이로 인해 오데사 거리에서 발생한 혁명 지지자들과 군인들 사이의 대립을 다룬다. 영화의 4부 '오데사 계단'에서는 무장하지 않은 시민들이 총격을 당한다. 나이든 남자들과 여자들, 다리에 장애를 가진 남자가 등장하고, 짓밟혀 고꾸라진 아이는 피를 흘리며, 한 여성이 자식이 탄 유아차 위로 쓰러지는데 그 바람에 유아차는 아마도 그 끝에 죽음이 기다리고 있을 것이 분명한 시멘트 계단 아래로 길게 미끄러진다. 앤드루 오헤어는 미국 인터넷 매체 '살롱'에서 이 계단 장면이 의미가 큰 이유는 "에이젠슈타인이 연출한 오데사 항구 계단에서 벌어진 끔찍한 학살이 단순히 수많은 영화—브라이언 드 팔마의 〈언터처블〉부터 조지 루카스의 〈스타워즈 에피소드 3: 시스의 복수〉〈총알 탄 사나이 3〉까지—에 재등장했기 때문이 아니라, 〈전함 포템킨〉이 할리우드의 주요 장르, 즉 선과 악이 대비되는 원형으로만 논의되어온 역사적 사건들을 흥미로운 관점으로 재구성하며 새 장르를 개척했기 때문"이라고 말한다.

우리 가족이 스위스로 갔을 당시 나는 1학년이었다. 프랑스어를 포함해 아무것도 몰랐던 나는

〈전함 포템킨〉 속 계단 위의 유아차.

집에서 혼자 책을 읽는 시간이 많았다. 그 무렵 나는 특히 로알드 달의 책들을 좋아했는데 아마도 어느 정도는 그의 책에 나오는 캐릭터들이 때때로 우스꽝스러울 만큼 선과 악이 명확했기 때문일 것이다. 내가 사는 세상에서도 어떤 어른들은 로알드 달의 어른들처럼 통제광에다 보복을 즐겼다. 우리 부모님은 사랑이 많고 인내심도 많으셨다. 외국에 사는 동안 우리가 세계주의적이고 재밌고 아름다운 모험을 즐길 수 있게 최선을 다하셨다. 하지만 내가 다닌 학교 수녀님들은 스위스 가톨릭 학교가 매정하고 엄격할 거라는 고정관념을 몸소 재현하는 분들이었다. 받아쓰기와 글씨 쓰기 점수에 따라 뒷줄에 배정된 나는 조용한 학생이었고 반에서 성적이 가장 낮은 학생들 틈에 있었던 덕분에 다른 학생들이 받았던 체벌을 피할 수 있었다(체벌 목록 중에는 자로 맞기, 찬물에 머리 집어넣기 등이 있었는데 지금 생각하면 실제로 일어났던 일이라고 믿기 힘든 학대다). 아마도 당시 느꼈던 무력감과 외로움, 어디에도 끼지 못한다는 느낌, 이해받지 못함, 어른들의 잔인함에 대한 분노 등이 모두 뒤엉킨 탓에 나는 마틸다가 심술궂은 선생님에게 복수하는 장면이나 아이들을 잡아먹는 마녀가 변장도 거의 하지 않은 채 돌아다닌다는 소문에 공감하게 되었을 것이다.

로알드 달의 〈마녀를 잡아라〉는 1990년에 나온 영화다. 영화를 수없이 보았는데도 책을 읽을 때는 기억에도 남지 않았던 한 장면이 영화를 볼 때마다 내 가슴을 서늘하게 한다. 대장 마녀 앤젤리카 휴스턴이 아기가 탄 유아차를 벼랑 끝으로 미는 장면. 그 무렵 내 남동생은 아직 아기였고 나는 엄마랑 오래된 유아차에 동생을 태우고 우리가 키우던 코커스패니얼의 목줄을 유아차 손잡이에 묶은 뒤 동네 산책을 나가고는 했기에 나는 아기가 얼마나 연약한지, 머리는 얼마나 말랑말랑하고 아기를 안전하게 돌보려면 얼마나 조심해야 하는지 알고 있었다.

최근 그 장면을 다시 보면서 나는 음 소거를 했는데 주인공 루크가 유아차를 쫓아가는 동안 아기가 우는 소리를 옆방에 있는 사이먼이 듣지 않았으면 해서였다. 음 소거를 했는데도 팔에 소름이 돋았고 나도 모르는 사이 손이 내 입을 틀어막았다. 화면 속에서 아기가 울고 마녀들은 코를 쥔 채로—아이들은 똥 냄새가 나니까—신이 나 낄낄 웃는다. 그러는 동안 루크와 아기 엄마는 미친듯이 달려 유아차를 쫓아가는데 마지막 순간에 루크가 유아차 손잡이를 간신히 붙잡는다. 이 장면이 불러일으키는 두려움이 매우 원초적이라, 내 머릿속에서는 아기가 벼랑 아래로 떨어져 머리가 바위에 부딪치고 그동안 옆에서 아무것도 하지 못하는 엄마의 모습이 자동으로 재생된다.

닉에게 〈전함 포템킨〉에 나오는 유아차 장면이 수많은 영화에 영감을 주어 여러 오마주 및 패러디 장면이 만들어진 것을 아느냐고 묻자 그는 내게 〈고스트 버스터즈 2〉에 나온 유아차 장면을

〈마녀를 잡아라〉 속 벼랑 끝에 선 유아차.

기억하느냐고 물었다. 커다란 갈색 식료품점 봉투 두 개를 들고 대단히 멋진 유아차를 밀며 맨해튼 거리를 걷던 시고니 위버가 한 남자와 잠시 얘기하느라 걸음을 멈춘다. 그런데 유아차가 앞으로 스르르 구르기 시작하더니 갑자기 어떤 보이지 않는 미치광이가 고의로 조작이라도 하듯 미끄러지고 사람들과 차들 사이를 부딪칠 듯 말 듯 아슬아슬하게 빠져나가다 마침내 엄마의 손에 겨우 붙들린다. 아기의 얼굴이 어찌나 귀엽고도 놀란 듯 보이던지. 그 영화를 볼 때 어린아이였던 나는 영화가 시작도 되기 전에 울면서 방을 뛰어나갔다. 만약 그러지 않았다면, 고스트 버스터즈가 등장하기 위해 무고한 행인들이 (좀 과장돼 보이긴 했지만) 위험한 상황에 빠질 필요가 있었음을 이해했을 것이다.

〈고스트 버스터즈 2〉〈마녀를 잡아라〉〈전함 포템킨〉과 「유아차」에서 아기와 유아차는 순수함의 원형으로서 기능한다. 아기가 아닌 유아차가 벼랑이나 계단을 구르는 것에는 (미미할지라도) 아이의 생존 가능성 때문에 만들어지는 극적

긴장감을 넘어서는 무언가 더 큰 의미가 있다. 아이를 안전하게 보호하기 위해 고안된 바로 그것 때문에 아기의 취약성이 드러난다니, 아이러니하지 않은가. 그건 마치 유아차가 상징하는 보호나 구조적 안전성, 높은 사회적 지위가 사실은 그 안에 있는 아기를 보호하지 못할 뿐 아니라 그 바퀴며 단단한 모서리, 어머니로부터의 분리가 거대한 위협이자 극복할 수 없는 위협임을 상기시키는 듯하다. 이러한 장면들에서 중요한 사물로 등장하는 유아차는 빅토리아시대에서 온 것처럼 느껴지는데 그건 유아차가 정말로 빅토리아시대 물건처럼 보여서만이 아니라 그 소란스러운 경직성이 가정 숭배와 그 시대를 정의했던 이상화된 모성 및 여성성 관념을 은근히 드러내 보이기 때문이다.

지금의 트래블 시스템과 탄소섬유 러닝 유아차가 우리 시대에 관한 무언가를 드러내는 것처럼 말이다.

그렇기에 유아차의 상징성을 두고 21세기를 사는 엘렌이 하는 불평은 브루드가 메리 커샛의 모성과 돌봄 묘사에 관해 던진 질문과 연결된다. 여기서 암시하는 바는 아기를 태우고 도시를 활보할 수 있게 해주는 이 편리한 이동 수단이 위험할 수도 있다는 것이다. 그리고 그건 사실이다. 1910년 〈뉴욕타임스〉의 어느 광고에서 유아차가 필요하다고 한 어느 엄마에게는 유아차가 대안이 되듯, 엄마로부터 떨어진 아이가 찻길로 뛰어들거나 집에 혼자 남겨지는 일보다 더 위험한 건 아니지만.

우리의 일상 속에서 유아차는 얼마나 위험할까? 아이가 유아차를 이용하는 동안 심각한 수준으로 다칠 확률은 얼마나 될까? 미국 소비자제품안전위원회의 유아차 관련 사망 사건 통계를 읽는 동안 나도 모르게 숨을 멈췄다. '유아차 관련 사고' 보고서가 반복해 언급하듯 1990년에서 1999년 사이 이와 관련된 사망 사건은 스무 건밖에 되지 않지만 그렇다고 해서 충격이 덜해지진 않았다. 대부분 계단에서 유아차를 밀다 떨어뜨리거나 벨트가 채워지지 않은 상태에서 아기 몸이 벨트에 엉켜 일어난 사건들이었다. 테아와 사이먼도 비슷한 경험이 있다. 기관 리포트를 읽으며 이를 어찌나 꽉 물었던지 반쯤 읽었을 때에는 머리가 욱신거렸다. 9년 동안 스무 건이면 거의 없는 거나 마찬가지야. 나는 혼잣말로 스스로를 다독였다. 우리 애들은 이제 거의 유아차도 타지 않잖아? 보고서에 나온 아이들은 거의 대부분 자고 있었고 6개월 이하의 갓난아이들이었어. 이제는 유아차도 훨씬 더 안전해졌고 안전띠에 대한 법규도 강화됐고. 스크린이나 책, 신문 밖에서도, 골드피시 과자 부스러기로 가득한 내 비전형적인 삶에도 일어날 수 없는 일이야. 이 정신 곡예를 통과하며 나는 어린아이였을 때조차 커샛의 그림을 보며 상실의 가능성을 떠올렸음을 기억해냈다. 그런 의식 때문에 그녀의 온화한 그림을 보면서도 감상에 젖을 수 없었던 것이다. 위태롭게 달리는 유아차들이 판타지 소설이나 SF 영화에만 등장하는 손쉬운 비유가 아니라 훨씬 더 실제적이며 더 보편적이고 본능적인 위험을 지시한다는 것을 나는 이해하고 있었다.

7. 기이한 걱정의 시간

테아와 사이먼은 둘 다 뉴잉글랜드 타운의 유서 깊은 지구에 위치한 수백 년 된 성공회 유치원을 다녔다. 교회는 아름답고 진보적이며 이상적인 곳이었지만 유치원으로서는 열악했다. 교실은 지하에 있었고 파티션 몇 개로 나뉜 공간이 다여서 아이들이 재밌는 춤을 배우거나 요가를 할 때면 미술실이나 예배실 같은 넓은 장소로 이동해야 했다. 거기다 주차장도 없어 수업시간과 정문 사용 시간이 반마다 달랐다. 테아가 네 살, 사이먼이 (이런 유치원에 다니기엔 다소 어린) 두 살일 때 테아네 반은 교회 옆문으로 입장하도록 안내받았다. 테아의 등원 시간인 9시 15분이 되면 부모와 형제자매 들은 아스팔트로 포장된 좁은 길에 나란히

줄을 섰고 아이들은 선생님과 눈을 맞추며 아침 인사를 하고는 붐비는 계단을 통해 다 같이 이동했다.

이 모든 건 괜찮았다. 좋은 계획이라고도 생각했다. 하지만 아이들은 때때로 칭얼댔고 계단은 소란스러웠다. 언감생심 선생님에게 조용히 질문을 할 수도 잠시 화장실에 들를 수도 없었고, 어린 동생들이 아장아장 걸어 좁은 계단을 오르내리고 싶어하는 걸 막기도 어려웠다. 나는 유치원에 갈 때마다 초조해져, 그곳에서 너무 오래 기다리지 않도록 적당히 늦게 도착하되 너무 늦어 테아가 지각하지는 않도록 하려고 애썼는데, 이를 위한 실행 자체에는 큰 어려움이 없었지만 테아가 불안해했다.

어느 날 아침, 2인용 러닝 유아차를 밀어 전속력으로 달려 유치원에 도착했다. 훈련 강도를 높이려거나 했던 건 아니었고 그러지 않으면 지각을 할 것 같아서. 가까스로 시간에 맞춰 도착해보니 테아 앞에는 두 명의 아이들만이 서 있었다. 땀이 비 오듯 흘렀고 숨도 찼다. 사이먼이 탄 유아차에 브레이크를 걸고 벨트를 채워둔 채로 사이먼이 놀이터에서 타이어 그네를 타고 노는 세 살짜리 아이들의 모습을 볼 수 있도록 길 맨 끝 쪽에 세웠다. 테아가 화장실에 간다고 했던가, 아니면 선생님에게 뭔가를 물었던가, 어쨌거나 뭐 때문인지 아이들이 인사를 하고 지하로 내려가는 데 평소보다 시간이 더 걸렸다. 1분? 2분쯤 지났을까? 계단을 내려갔다가 다시 반쯤 올라갔을 때 위에서 소란스러운 소리가 들려왔다. 그네 쪽에 있는 누군가가 외쳤다. 저기! 누구 애예요?

그 순간 나는 끔찍한 사고가 났다고 생각했다. 유아차 사고 보고서를 볼 때 내 숨을 멎게 하고 이를 꽉 물게 한 그런 사고. 사이먼 유아차가 뒤집혔나? 밖으로 나오려다 어디에 끼었나? 유아차는 그대로였다. 사이먼은 5점식 벨트도 얌전히 매고 있었다. 그럼 사이먼이 소리를 질렀나? 하지만 아이의 울음소리는 듣지 못했다. 어른의 외침만 들렸을 뿐. 애가 아픈가? 토를 했나보다, 어쨌든 뭔가를 잘못한 걸 거야. 사이먼에게 달려가는 동안 머릿속에 오만 가지 생각이 스쳤다. 테아와 같은 반 친구의 아버지가 내게 동정의 눈길을 보냈다. 나중에 알게 된 사실인데, 그는 내가 무슨 말을 듣게 될지 알고 있었기에 내가 잘못한 것이 없음을 내게 전하고 싶었던 것이었다.

사이먼의 유아차를 둘러싸고 있던 선생님들 중 한 명이 교장 선생님이 오고 있다는 사실을 알려주었다. "아이 어머니세요?" 한 명이 물었다.

"네." 내가 답했다. 사이먼은 괜찮은가? 무슨

일이지?

"아이는 괜찮아요. 기분도 좋아 보여요." 그녀는 내가 겁에 질려 있음을 알아차렸다. 그때쯤 내게 동정의 눈길을 보내던 남자는 이미 발길을 돌려 차로 향하고 있었고 곧 헬스장에 갈 복장을 한 엄마들 몇몇만이 남아 커피 텀블러를 손에 든 채 담소를 나누고 있었다. "하지만," 그녀가 말을 이었다. "누가 애를 데려갈 수도 있었어요."

내가 당황한 듯 보였는지 그녀는 서둘러 말을 덧붙였다. "페어필드가 안전한 동네이긴 해도 아무도 모르는 거니까요."

그래, 아무도 알 수 없지. 하지만 납치라니. 그건 유아차 사망만큼이나 확률이 낮다. 어린이 유괴는 어떤 아이가 어떤 상황에서 당해도 끔찍한 사고지만 유치원 등원길 납치라는 그 특별히 끔찍한 사고는 매일 일상 속에서 우리가 겪을지 모르는 무수한 위협 가운데서 가장 드문 일이 아닐까? 하지만 사법부가 "전형적인 유괴"라고 부르는 낯선 사람이 저지르는 유괴 사건은 우리의 집단적 상상력에 큰 그림자를 드리우고 있다.

실제로 우유갑에 붙은 실종 아동 사진을 본 적이 있는지는 기억나지 않지만 그 우유갑이 찾을 길이 요원한 실종 아동들을 찾을 수 있는 마지막 보루라는 사실은 초등학교 저학년 시절 내내 내게 미스터리였으며 큰 불안감을 안겨주었다. 낯선 사람이 나를 납치할지도 모른다는 신화 때문에 나는 어린 시절 나무가 우거진 곳을 지나다 아무런 표식이 없는 흰색 밴을 보면 겁에 질려 마구 달리고는 했다. 그 밴에 대한 기억이 내 머릿속 한구석에 자리잡은 탓에 이토록 오랜 세월이 흘렀음에도 아이들과 놀이터에 있을 때면 주위를 살피곤 한다. 하지만 나와 사이먼이 둘 다 잘 아는 선생님들과 부모님들 사이에, 좁은 아스팔트 길이라 차가 들어갈 수도 주변에 주차를 할 수도 없는 곳에서, 아주 잠깐 사이먼을 유아차에 앉혀두고 자리를 비울 때는 납치에 대한 가능성을 조금도 생각하지 않았다. 다른 부모들이 어떻게 볼까 잠시 걱정되긴 했다. 하지만 다른 사람들이 어떻게 생각하든 그렇게 해야 사이먼이 더 편하고 안전할 거라고 판단했다. 누나와 형 들이 노는 모습을 구경하는 것이 커다란 유치원 가방을 멘 큰 아이들과 그 틈에서 어쩔 줄 모르는 부모들에 둘러싸여 지하실을 오르내리는 것보다는 훨씬 더 나으리라 생각했던 거다.

이런 내 생각을 그 소란스러운 선생님들에게 일일이 말하지는 않았다. 그 상황에서 내가 할 수 있는 나름의 항변과 변호는 다 했으니까. 대신 나는 사이먼의 머리에 연거푸 입을 맞춘 뒤 그 작은 손을 꼭 잡고 천천히 걸어 집으로 돌아왔다. 하루에도 몇 번씩 지나다니는 그 길을 따라 걸으며 유아차에 탄 사이먼의 손을 꼭 쥐었다. 만약 사이먼에게 정말로 무슨 일이 생겼다면 그 사람들 중 일부는 내가 그런 슬픈 일을 당할 만했다고, 그에 따르는 죄책감을 느껴야 한다고 여길지도 모른다는 생

2인용 유아차에 탄 테아와 사이먼.

각이 들었다. 그 구경꾼 중 일부는 내가 사이먼을 충분히 사랑하지 않고, 부모 역할을 제대로 하지 않으며, 아이의 작고 연약한 삶이 부모의 보호에 달렸다는 인간이면 본능적으로 아는 상식도 모른다고 생각하는 것 같았다. 당연히 나도 이를 아주 잘 알고 있으며 이 글을 쓰는 건 차치하고 그런 생각만으로도 몸서리가 쳐진다. 하지만 다른 사람들은, 우리 인생에서 사이먼이라는 선물이 끔찍한 사건이나 질병, 폭력에 의해 한순간에 사라질 수 있다는 것을 우리가 모른다고 생각하는 듯했다. 나는 사이먼에게 속삭였다. **엄청 많이 사랑해**. 이건 내가 욱해서 화를 낼 때나 아이들 몸이 열로 펄펄 끓을 때, 내가 뭔가를 잘못했는데 어찌할 도리가 없을 때 아이들에게 하는 말이었다. 마치 그 말이 우리를 지켜주는 주문이라도 되는 것처럼.

"두려움의 시대에 부모 되기"라는 부제가 암시하듯 킴 브룩스의 탐사기『작은 동물들』도 비슷한 사건에서 시작된다. 어느 상쾌한 날 아침 브룩스는 버지니아에 있는 부모님 집에서 시카고 집으로 돌아가는 비행기를 타기 위해 서두르던 중이었다. 헤드폰을 사기 위해 타깃에 들른 그녀는 잠시 차에 네 살짜리 아들을 혼자 두는데 한 낯선 사람이 이 광경을 지켜보고 있었다. 성별이 드러나지 않은 그 사람은 곧 경찰에 신고를 하고, 이 사실을 모르는 브룩은 헤드폰을 산 다음, 그동안 안전하고 편안하게 놀고 있었을 아들을 데리고 주차장을 빠져나갔다. 아마 영상을 찍은 사람도 이 광경을 지켜보았을 것이다. 낯선 사람은 출동한 경찰에게 브룩스가 아이를 차에 두고 마트로 들어가는 영상을 보여주었다. 경찰이 차 번호판을 추적해 그녀의 부모님 집을 찾아갔을 때는 브룩스의 비행기가 이미 시카고를 떠난 뒤였다. 브룩스는 시카고에 도착해 광란의 부재중 전화들과 메시지들을 보고 나서야 사태의 심각성을 깨닫는다.

그후로 몇 달 동안 브룩스는 변호사를 선임하고 상담을 받고 버지니아에 돌아가 결국 자신의 아동 방임 죄를 자수했다. 이 모든 일을 치르고 난 후 그녀는 이렇게 말한다. "엄마가 된 뒤에 내가 가졌던 희망과 좋은 마음들이 이제 늘 마음 한구석에 도사리는 압박감 때문에 다 무너져버렸다."[33~34쪽] 무슨 일이 있었는지 친구들에게 설명할 때면 형태는 다양해도 친구들은 결국 다 같은 질문을 했다고 한다. 기분이 어땠느냐고. 그녀가 말했다. "무서웠어." 그리고 "충격을 받았지…"

이 모든 건 진실이었다. 하지만 더 깊은 진실은 이보다 훨씬 더 나빴다. 중요한 건, 내가 정말 나쁜 일을 하다가 들킨 것 같은 기분이었다는 것이다. 그 나쁜 일이 무엇인지는 정확히 알 수 없고 그게 왜 나쁜지도 모르면서. 누군가가 돌봄 방식에 대해 공격하거나 비난할 때 거의 모든 여성이 느끼는 감정을 나도 느꼈다. 난 화가 났다. 당혹스러웠다. 하지만 그 모든 것들 아래, 나는 수치스러웠다.

수치심과 고립감의 거리란 얼마나 가까운가. 자신의 표현에 따르면 비밀을 지키지 못하는 사람이라는 브룩스는 그날 아침 주차장에서 생겼던 일을 철저히 비밀에 부치기 시작했다. 그녀는 자신이 느꼈던 수치심 뒤에 있는 문화적 압박, 공공장소에서 혼자 있는 아이에 대해 우리 사회가 갖는 심각히 비이성적인 불안을 깨닫기 시작했다. 그러자 어린이 안전에 대한 집단적 불안의 상당 부분이 이를 통제하고자 하는 잘못된 시도에서 나온 것임을 알게 되었다. 그러던 중 브룩스는 변호사이자 어머니이기도 한 줄리 콜러를 만났다. 콜러는 커피를 사러 다녀온 사이, 차에서 자신을 기다리고 있던 세 아이를 괴롭히는 경찰관을 만난 적이 있다고 했다. 브룩스가 콜러에게 "아이들을 유괴하는 흰색 밴을 모는 남자를 걱정하지는 않는지" 묻자 그녀는 아니라는 단호한 답변을 내놓았다. "흰색 밴을 타는 남자 같은 건 걱정하지 않아요. 이유를 말해줄게요. 저는 쿡카운티 국선 변호사예요. 20년 동안 이 일을 했죠. 일하는 동안 단 한 번도, 단 한 건의 전형적인 유괴 사건도 본 적이 없어요. 한 번도요. 대신 아이들을 학대하는 부모들은 보았죠. 아이들을 죽이는 부모, 부모의 사촌, 약혼자들이요. 쿡카운티에서 누가 아이를 유괴했다면 내가 분명히 알 수 있는 곳에서 벌어졌을 거예요. 하지만 그런 일은 없었어요. 그러니까 20년 동안 아동 유괴 사건은 본 적이 없다는 말이에요." 브룩스는 2014년 통계를 인용하며 자신이 왜 차에 아이들을 혼자 잠시 둘 수 있었는지를 설명한다. "실종 사건 중 0.1퍼센트만이 우리가 '전형적인 유괴'라 생각하는 사건이었어요. (…) 유괴는 제가 걱정했던 악몽 목록에 들지 않아요. 그 목록이 아주 긴데도요. 하지만 두려움에 서열을 매길 때 저는 이성적으로 판단해요."[32쪽]

두려움의 서열을 따져볼 때 우리가 진정으로 이

성적일 수 있는지는 잘 모르겠지만 유치원 운동장에 사이먼을 두었던 사건 후 몇 달이 지나『작은 동물들』을 읽었을 때 나는 이 통계 덕에 안심했다. 그리고 과잉 경계를 잠시 늦추었던 날 아침 내가 느꼈던 깊은 수치심, 브룩스도 느꼈다는 그 수치심에 대한 해독제로 이 이야기를 내 마음 한구석에 비축했다.

유아 용품에 대한 마케팅의 상당수는 부모의 두려움에 기반한다. 테러나 정치 분쟁, 신종 코로나바이러스 변이에 대한 두려움이 뉴스 시청률을 좌우하는 것처럼, 유아 용품을 살 때 일부 부모들이 수행하는 거의 광신도적이라고 할 수밖에 없는 조사 뒤에는 자신이 부적격한 부모일까봐 두려워하는 마음이 있다. 2020년 초봄, 나는 손에서 휴대전화를 놓지 못한 채 코로나19 감염자 수를 확인하기 위해 검색창을 끊임없이 새로고침했다. 트위터에 접속해 슈퍼 전파자들의 사례를 찾아 쉼없이 스크롤하고 한밤중 불안에 떨며 잠에서 깼다. 그러다 내가 정말로 두려워하는 건 내가 통제하지 못하는 무언가라는 걸, 그러니까 예상할 수조차 없이 사랑하는 사람들에게 닥쳐오지만 그걸 막기 위해 내가 할 수 있는 게 전혀 없는 무언가라는 사실을 깨달았다. 나는 에어로졸화(최근에 새로 배운 용어다)된 입자가 동네를 둥둥 떠다니지는 않을지, 누군가가 입을 막지 않고 재채기를 해 내가 산 우유병에 분비물이 남은 건 아닐지 걱정했다. 같은 이유로 나는 수년간 아이들이 자라나는 속도에 맞추어 잠옷을 새로 샀고, 같은 이유로 몇몇 친구들은 자신의 갓난아기를 위해 딱히 신뢰도 안 가고 비싸기만 한 산소 측정기 신발(아기 수면 모니터링 제품)을 샀다. 캐서린 뵈렛은 〈더버지〉(〈복스〉의 기술 전문 매체)에 산소 측정 제품 중 하나인 '오울렛'과 그것의 마케팅 전략에 대해 다음과 같이 썼다.

이러한 제품들은 의학 장치가 아니며 영아돌연사증후군을 막을 수 없다. 영아돌연사증후군은 모든 부모에게 가장 끔찍한 악몽이다. 2014년 기준으로 1500건의 영아 사망이 발생했지만, 여전히 원인도 모르고 예측도 할 수 없는 현상으로 남아 있다.

그럼에도 우리는 기업들이 그들의 제품을 사지 않으면 어떤 일이 벌어지는지 상상'시키는' 행태를 막지 못하고 있다.

내 말의 의미를 더 정확히 알고 싶다면 오울렛을 판매하는 웹사이트에 한번 들어가보자. 오울렛은 맥박 산소 측정 기술을 이용해 신생아의 산소 레벨을 관찰하는 249.99달러짜리 부츠다. 오울렛에 대해 뭔가를 알게 되기도 전에 사이트에선 곧장 세 명의 엄마가 겪은 끔찍한 이야기를 영상으로 보여준다. 오울렛이 어떻게 아이들을 무사히 구해냈는지를 말이다. 첫번째 엄마가 말한다. "빨간색 불빛이 깜박이더라고요. 저는 곧바로 달려가 딸의 속싸개를 풀었죠. 아이가 캑캑거렸고 입이랑 코 주위가 새파랬어요." 다른 엄마가 말한다. "어느 날 밤, 알람이 울렸어요. 불을 켜보니 아들 입가가 파랗게 질려 있더라고요. 바로 압박을 해주었더니 아들이 다시 숨을 쉬었어요."

예방책이나 안전에 대한 경각심을 비웃는 것이 아니다. 분명 많은 안전 규칙이 소비자를 보호하기 위해 존재한다. 나를 포함해 우리 가족은 자전거를 탈 때 헬멧을 쓰고 차에서는 안전띠를 착용하며 화재경보기 배터리도 주기적으로 교체한다. 나는 아이들이 안전벨트도 하지 않은 채 스테이션왜건 트렁크에서 뒹굴며 놀거나 석면으로 집을 단열하던 때를 그리워하는 것이 아니다. 몇 년 전 연락이 끊긴 친구는 출산 열흘 만에 아기를 잃었다. 친구가 페이스북에 올린 글을 보고 나는 댓글을 달아 위로했다. 그뒤로 나는 매일 그녀와 아들을 생각한다. 나는 우리 삶이 취약하다는 사실을 이해한다. 절망해 울고 분노할 수도 있을 것이다. 하지만 그 울음과 한밤중의 휴대전화 새로고침, 또 신경에 거슬리는 계단과 벼랑을 구르는 유아차 환영이 우리를 보호하지는 않는다. 빨라지는 심장박동수와 과잉 경계만으로 내가 아는 끔찍한 일들—내 아이들도 얼마든지 당할 수 있는—을 막을 수 있다고 믿고 싶은 마음도 생긴다. 과잉 경계와 불안, 두려움에 기반한 육아는 부모와 아이들에게, 더 크게는 사회에 비용을 치르게 한다. 실제보다 대중의 상상 속에 크게 자리하는 극적인 사건들(이를테면 폭염 속 차 안에서 유아가 사망하는 사건이나 유괴 같은)이 더 현실적인 문제들(이를테면 아장아장 걷는 아이가 혼잡한 계단에서 굴러떨어진다거나 하는)을 덮어버릴 가능성이 생기는 것이다. 제한된 자유와 구속은 아이들이 더 큰 문제에 직면하도록, 부모들이 심각한 감정적·사회적 비용을 치르도록 한다. 테아가 어릴 때, 나는 매일 밤 침대 옆에 베이비 캠 모니터를 켜두고 잤다. 밤 수유 중간중간 쪽잠을 자면서도 테아가 침대 안에서 구르거나 끙끙대거나 옹알이를 할 때면 잠에서 깨, 손을 뻗어 모니터를 확인했다. 한동안 그렇게 지내다 테아가 깨면 어차피 바로 옆방에 있는 내가 소리를 듣게 될 것이고 테아가 자는 동안에만 나도 잠시나마 잘 수 있다는 사실을 깨닫고는 모니터를 치워버렸다. 브룩스는 불안에 대한 우리의 집단적 충동이, 상품과 법규, 절차가 목표로 하는 실제적인 두려움이 아닌 훨씬 더 심오하고 현실적인 두려움에서 비롯된다고 본다. 즉 미래의 행복, 자존감, 지적 성취, 심각한 질병 예방 등 삶에서 가장 중요한 것들 대부분을 우리가 통제할 수 없다는 근본적이고도 암묵적인 이해에서, 우리 아이들이 살아갈 미래에 대한 두려움에서 기인한다는 것이다. 그러나 이 두려움에 굴복하면 우리는 많은 것을 잃게 된다.

브룩스와 마찬가지로 세라 멘커딕 또한 모성의 공포가 적어도 부분적으로는 수많은 초보 엄마들과 아이들이 겪는 고립 때문이라고 본다.『평범한 광기』초반부에서 그녀는 다음을 지적한다. "제로 리스크에 대한 집착은 거대하고 보이지 않으며 수치화되지 않는 위험을 낳는다. 불안이 여성들의 삶을 극도로 제한하는 것이다."[98쪽] 멘커딕은 산후 강박증을 겪은 자신의 경험을 솔직히 털어놓으며 말한다. "언제나 위험을 걱정하고 제로 리스크를 위해 필사적으로 애쓰는 과정에서 잃어버리는 것들은 측정이 불가능하다. 그런 건 통계도, 차트도, 계량법도 없다. 태양등이 설치된 철망 안에 도마뱀이 있다. 목줄 없이 달려보지 못한 개가 있다. 갑자기 쏟아지는 비를 맞을 일이 없다. 해질녘 숲 근처를 배회하거나 고독을 즐기는 일도 없다. 더러운 손으로 씻지 않은 과일을 먹지 않는다. 소란이 없다. 거대한 세상에 자신을 거는 일, 자신의 보잘것없는 삶을 거는 일도 없다. 낯선 사람과 음식을 나누어 먹지 않는다."[104쪽]

테아와 사이먼은 몹시 추운 겨울에 태어났다. 사람들은 내게 '엄마 모임'에 합류하라고들 했다. 내가 가는 소아과에도 그런 모임이 하나 있었는데 페이스북이나 동네 도서관 게시판에서 본 모임들보다는 거기가 왠지 덜 민망할 것 같았다. 마치 의학적 이유로, 적어도 그와 비슷한 이유로 모임에 나가는 것 같으니까. 그리고 어느 정도는 사실이기도 하고. 그런데 낯선 사람들이 모인 그 방에서 나는 진짜 친구들을 만났고, 그저 얼굴만 알고 지내는 사람들과도 공동체의식을 공유했다.

우리는 서로 비슷한 시기에 아이를 낳은 사람들이었다. 이 모임에서 우리는 수유 상담사에게 아기를 재우고 안는 법을 배웠고 피부건조증이나 수유에 관해 질문할 수 있었다. 우리 무리에는 분유를 먹이는 여자들, 수유 커버를 쓰는 여자들, 그런 건 신경쓰지 않고 수유용 탱크톱을 내리는 여자들이 뒤섞여 있었다. 바구니 카시트 안에 누운 아기들은 우리 옆에서 울기도 하고 낮잠도 잤다. 모임이 끝나면 이따금 우리는 모임 장소에서 멀지 않은 평범한 식당으로 이동해 유아차를 옆에 세우거나 카시트를 발밑에 조심히 내려놓은 채, 내가 차리지 않고 치우지 않아도 되는 한 끼 식사를 함께 즐겼다. 모임에 갈 때마다 직전에는 항상 두려웠지만 가고 나면 언제나 즐거웠다.

첫 모임에 나가기 전, 나는 입고 나갈 옷을 세심히 골랐다. 당시 나는 임신 41주 6일차였으니 선택의 폭이 좁았지만 아이를 갖기 전에 내가 어떤 사람이었는지에 대해 조금은 힌트를 주고 싶었다. 나는 편한 청바지에 체크무늬 플란넬 셔츠를 입고 평소 즐겨 신는 회색 컨버스화를 착용했다. 내가 작가 부류임을, 혹은 내가 좋아하는 음악, 최근 선거에서 투표한 후보, 아니면 적어도 전에는 내가 신발 쇼핑이라는 것도 했던 사람임을 넌지시 알릴 수 있기를 바랐다. 아이를 갖기 전에는 내가 속한 범주가 비교적 좁았다. 장거리 러너, 고등학교 선생님, 육상 팀 코치, 채식주의에 도전했다가 두 번 실패한 사람, 작가. 내 정체성인 이 모든 것들은 내가 선택한 것들이었으며 동시에 내가 중요하다고 느끼는 것(또는 끝까지 가볼 만큼 중요하지는 않았던 것), 내가 시간을 보내는 방식, 내 강점과 약점, 내가 세상을 보는 방식에 대해 말하는 것들이기도 했다. 부모가 된 사람은 너무나 많기에, 엄마가 된다는 것이 다른 그 무엇보다 내게 큰 의미이기는 했어도 그 당시에는 그 사실만으로 내가 세상을 보는 방식이 구체적으로 드러날 거라고는 생각지 못했다. 그때까지만 해도 나는 아이를 갖는다는 것이 실제 내가 앞으로 세상을 바라보는 방식에 큰 영향을 미치리라는 것을 알지 못했으므로 공통점이라고는 아이의 월령뿐인 모임의 일원이 된다는 것이 외롭고 피상적인 일로까지 느껴졌다.

하지만 이제는 지금껏 목격하고 함께하기도 한 수많은 엄마 모임과 마찬가지로 이 모임이 구체적이며 의미 있는 공동체임을 안다. 비록 하나둘씩 이사를 가고, 새로운 직업을 얻고, 일자리로 돌아가고, 이혼을 하고, 우리 아이들이 자라며 서로 더 달라지고, 우리가 몰두하는 문제들이 변하며 자연스레 모임이 해체되었지만 이는 내가 보편적이라고 인식하지 못했던 무언가를 보여주는 증거일 것이다. 우리는 엄마라는 정체성 외에도 다른 삶이 있었고, 재정 상태도 달랐으며, 다른 보육 환경,

다른 커리어에다 다른 유아차를 쓰고 심지어는 유아차의 실용성과 도덕성에서도 다른 의견을 가졌지만, 모두가 여전히 피를 흘리고 있으며 지쳤고 두렵고 우리 아이들이 물려받을 미래에 불안해하는 존재임에는 틀림없었다.

8. 당신의 몸을 되찾으세요

앤이 내게 아이를 가지면 "내 러닝 생활은 끝"이 날 거라고 했을 때 내가 친구라고 믿었던 사람이 재밌다는 듯 고의적으로 그런 모진 말을 해서 놀란 것과 별개로, 내가 정말 놀라고 신경이 쓰였던 건 따로 있었다. 엄마가 되면 자기 모습을 잃게 된다느니, 아이를 돌보느라 몸매나 자유, 시간을 모조리 빼앗길 거라느니 하는 얘기들은 물론 나도 잘 알았다. 문제는, 달리기가 내게 이 모든 것들이며, 내 자아 개념에 필수적인 요소였다는 사실이다. 달리기는 건강한 몸—특히 과거처럼 빨리 달릴 수 있으려면 탄탄하고 마른 몸—과 이를 위해 지속해서 훈련할 수 있는 시간을 요구한다. 한편 나는 임신중에도, 그리고 출산하고 나서도 이내 공개적으로 다시 훈련을 시작하는 여성들을 수없이 보았다. 21세기에 모성과 달리기는 공존할 수 있을지도 몰랐다.

대학 시절, 내 어시스턴트 코치 매기는 임신 후기에도 우리와 함께 달렸다. 인터넷에서는 자칭 러닝 블로거나 피트니스 인플루언서라는 여성들이 GPS 시계 기록과 함께 활짝 웃고 있는 자신의 프로필 사진을 올렸다. 거의 막달인 듯 보이는 그들의 배는 러닝용 바지와 스포츠 브라 사이에서 작은 농구공처럼 튀어나와 있었다. 그리고 출산 몇 주 후, 그들은 러닝 기록 사진 옆에 조깅용 유아차를 미는 자신의 사진을 추가했다. 신생아 보호에 필요한 카시트 보조 장치를 장착한 모습이었다. 내 친구 젠은 출산 전에도 NCAA(미국대학체

육협회) 디비전 I 육상경기 프로그램에 출전할 정도로 뛰어난 선수였는데 첫째를 출산하고 나서는 모든 기록에서 개인 최고 기록을 세웠다. 셋째와 넷째 사이에는 올림픽 출전 자격까지 얻었다. 또 내가 엄마가 되기 전, 여유로운 주말과 퇴근 시간을 이용해 수 킬로미터씩 달릴 수 있던 시절에 나갔던 지역 경기에서 나보다 앞서 결승점을 통과한 여자는 큰 애들이 학교에 가 있을 때 막내아들을 유아차에 태워 매일 15킬로미터씩 달린다는 사실을 내게 자랑하기도 했다. 내가 테아를 임신했을 때는 10킬로미터 세계 은메달리스트인 카라 가우처가 임신 기간 매주 110킬로미터씩 달렸고 아들을 낳은 뒤 세 달만에 경기에 복귀했다. 그녀는 출산 6주 만에 2011년 보스턴 마라톤에서 5위를 차지했다. 그녀의 기록은 2시간 24분 52초, 킬로미터당 3분 26초를 조금 넘기는 속도였으며 개인 최고 기록이었다. 그랬으니 엄마가 된다고 해서 내 달리기가 끝이 난다면 그건 오로지 내가 게으르거나 훈련과 돌봄을 병행하는 데 서투른 탓일 수밖에 없었다.

2020년 나이키는 임산부용 라인을 출시하며 임신하거나 엄마가 된 선수들의 역동적인 모습을 전면에 내세웠다. 광고가 방영되기 시작한 후, 나이키의 다른 많은 선수들과 마찬가지로 가우처가 임신 기간 중(이 기간에는 시합에 나가지 않기 때문에 후원을 받지 못했다) 그리고 출산 직후 최대한 빨리 경기에 복귀하라는 압박을 받는 등 착취적인 계약 속에서 일했다는 사실이 밝혀졌다. 그다지 놀랍지는 않았다. 2021년 세라 바스너 플린은 〈트라이애슬릿〉 매거진에 해당 광고에 대한 반발을 다루며 다음과 같이 쓴다. "가우처는 2010년 아들을 임신한 해에 나이키 임원진으로부터 다시 경기에 출전할 수 있을 때까지 후원금을 지급하지 않을 것이라는 통보를 받았다고 밝혔다. (…) 기사가 나올 무렵 우리는 출산 후 개인 최고 기록을 갱신하던 그녀의 끈기와 재능에 모두 찬사를 보내던 중이었다. 하지만 가우처가 나중에 밝혔듯, 후원금을 받기 위해 경기에 무리하게 출전했던 것이 고관절 부상으로 이어져 그녀는 지금까지도 정신적 고통을 겪고 있다."

가우처가 아이를 낳고 몇 달, 아니 몇 년 동안이나 "카라 가우처: 달리기와 엄마 되기, 둘의 양립 가능성을 증명하다" "가우처의 인상적인 복귀" 따위의 헤드라인이 기사를 장식했다. 모두 그녀가 세계 정상급 대회로 빠르게 귀환한 일을 축하했다. 한편 몇 년 뒤, 그녀의 남편은 이 시기를 다르게 회상한다.

출산을 한 뒤 석 달이 지나고 아내는 하프마라톤에 출전할 준비를 하고 있었어요. 그런데 대회를 며칠 앞두고 아들이 아파 중태에 빠졌고 병원에 입원했죠. 아내는 아들을 간호하는 동안에도 우리를 병원에 두고 훈련을 나가야 해서 죄책감에 시달리고 몸도 쇠약해졌어요. 아들이 퇴원하던 날 아침, 우리는 아들을 데리고 애리조나 피닉스로 향하는 비행기에 올랐어요. 카라의 복귀 전까지 계속해서 째깍댈 '시곗바늘'을 멈추게 하려면 경기에 나가야 했으니까요. 말할 것도 없이 성적은 좋지 못했어요… 그때까지도 그녀가 언제부터 다시 후원을 받을 수 있을지 나이키에서는 말이 없었죠. 사실 뉴욕 하프마라톤에 출전했을 때 카라는 나이키 CEO에게 자신의 처지를 이해해달라고 호소했어요. 육체적으로도 감정적으로도 극심한 스트레스에 시달리고 있음을 알렸죠. 아내는 지원받는다는 느낌을 전혀 못 받았어요. 그녀가 광고에 도배되고 있을 때조차 보상을 받지 못했죠. 'CEO는 무급이 합당하다고 판단하고 있다'는 얘기만 전해 들었어요. 우리는 이 대화들이 기록된 메일을 가지고 있습니다. 아들이 6개월 반이 되었을 때 카라는 보스턴마라톤에 나가 5위에 올랐고 개인 최고 기록인 2시간 24분을 기록했어요. 하지만 그때까지도 돈을 받지 못했죠.
[Goucher, Adam]

여러 인터뷰에서 카라 가우처는 진통이 시작된 날에도 웨이트 리프트 트레이닝과 달리기를 했다고 말했다. 아이를 낳은 여성은 최소 6주 후에 격렬한 운동을 시작하도록 권고된다. 최근의 연구 결과들은 12주는 기다려야 한다고 밝히고 있다. 출산 2주 반 만에 훈련에 들어간 가우처는 계획보다 더 빨리 젖을 뗐는데 수유를 하면서 주당 160킬로미터를 뛰는 것은 불가능했기 때문이다. 이후 나이키 코치 알베르토 살라자르가 도핑 방지 규정 위반으로 조사를 받을 당시 가우처는 그가 "임신 중에 늘어난 체중을 줄이기 위해 갑상선 질환 약물인 사이토멜을 복용할 것을 권유했다"고 말했다.[Daly]

예상컨대 나를 포함해 많은 장거리 러너들은 어

디까지가 질량과 속도(즉 체중과 달리기 속도) 등 물리학 법칙과 실용성이 적용되는 범주이고, 어디부터가 식이와 통제에 대한 병적인 불안의 범주인지 모른다. 카라 가우처와 달리 나는 홉킨턴에서 보스턴까지 42킬로미터를 얼마나 빨리 달리느냐에 생계가 달리지 않았고, 임신중 증가한 체중을 감량할 수 있는지, 그렇다면 얼마나 더 빨리 감량할 수 있는지, 모유가 충분히 나올 만큼 먹으면 몸에 몇 킬로그램이나 더 붙게 되는지 같은 얘기들을 신경쓰지 않아도 됐다. 그럼에도 나는 내가 아는 모든 여성들처럼 임신중 늘어난 체중을 서둘러 감량해야 하며, 그 과정 또한 즐길 수 있어야 한다는 메시지를 내면화하고 있었다. 그와 동시에 수유도 하고 아이랑 떨어지지 않아야 함은 물론이었다(일할 때와 결혼생활을 유지해주는 밤 데이트를 나갈 때는 제외하고). 시어스 박사는 유별난 아기띠 전도사임에도 하나의 예외를 두었다. 조깅용 유아차는 아기랑 시간을 보내면서도 살을 뺄 수 있는 탁월한 방법이라는 예외. 아이를 갖겠다는 생각을 해보기 훨씬 전부터 영화, 텔레비전 쇼, 잡지, 책 등등을 보며 내가 임신에 대해 배운 건, 아이를 가지면 내 몸이 영원히 바뀌리라는 것이었다(골반이 틀어지고 체중이 늘고 가슴과 배가 축 처진다고 했다). 엄마가 되면 내 인생이 단순히 변하기만 하는 게 아니라 손상될 것임을, 그리고 임신 전의 사이즈와 몸매로 돌아가기 위한 책임은 온전히 내게 있음을 세상은 온갖 방식으로 보여주었다. 병원 팸플릿과 임신 관련 책에서 보았듯, 내가 이 규칙을 따를 수 있는 방법은 임신중에도 운동을 계속하는 것이었다.

테아가 태어나던 날 아침, 1킬로미터쯤이기는 했지만 마지막으로 달리기를 했다. 임신 막달에 접어들면서는 달리지 않고 걸었는데, 예정일에서 이미 열흘이나 지난 터라 조금 걷다가 짧게나마 달리기를 하면 진통이 오지 않을까 생각했다(예정된 유도 분만을 위해 입원했던 날 밤 양수가 터졌으니 효과는 없었던 듯하다). 사이먼의 경우에는 뱃속에 있을 때부터 너무 커, 34주차 때 8킬로미터를 경보한 후로 엉덩이 쪽이 너무 아파 출산 전까지 걸을 때마다 얼굴을 찡그려야 했다. 나중에야 그것이 임신 후기까지 고집스레 달려서 생긴 엉덩관절 탈구 때문이라는 사실을 알았다. 통증이 얼마나 심했던지, 나는 하루빨리 무통 주사를 맞고 아이를 낳아 골반과 허리에서 느껴지는 통증에서 벗어나고 싶었다.

사이먼과 테아는 둘 다 12월 말에 태어났다. 아이를 낳고 며칠이 지나 몸이 조금 회복되자 본능적으로 해가 떠 있는 동안 잠시라도 밖에 나가고 싶어졌다. 육아 및 임신 관련 사이트에서는 아기가 6주가 넘으면 움직여도 괜찮다고 조언했고 조산사도 걷기 외에 조금 더 격렬한 운동을 해도 된다고 말해주었지만, 그렇게 하면 정신적으로나 감정적으로나 대가를 치르게 될 것 같았다. 나는 산후 우울증이나 불안은 겪지 않았지만, 밖에 나가지 못하게 되거나 당시 내 정체성의 핵심이었던 달리기를 못 하면 언제든지 곧장 그렇게 되리라는 것 또한 느낄 수 있었다. 아이들이 너무 어려 조깅용 유아차도 못 타고 육상팀 코치로도 아직 복귀하기 전, 나는 하늘에 뜬 해가 지는 모습을 바라보며 닉이 집에 돌아오기만을 기다렸다. 그래야 집 밖으로 나가 몇 킬로미터라도 뛸 수 있으니까. 어느 때는 그게 그날의 첫 외출이 되기도 했다. 뛰다가 종종 내 방광을 통제할 수 없을 때도 있었는데, 이는 내 골반기저근이 달릴 수 있을 만큼 충분히 튼튼하지 않다는, 탈출증 같은 심각한 합병증을 알리는 신호일 수도 있음을 알게 되었다. 그런데도 나는 이것을, 아이를 갖기 전의 내 모습과 지금의 내가 다르지 않다는 감각을 느끼기 위해 치를 수 있는 작은 대가처럼 여겼다.

테아가 유치원에 갈 무렵에는 출산 후 세 번의 마라톤 훈련을 마친 상태였고 1인용 또는 2인용 유아차를 밀며 달리고 몇 번 기록도 남겼다. 하지만 대회에서 만난 다른 유아차 러너 엄마들과 달리 나와 아이들 모두 오래 즐겁게 달릴 수 있는 방법을 찾지 못했다. 유아차 때문에 나는 킬로미터당 약 37초 정도 기록이 깎였다. 45분 이상 유아차 러닝을 하면 등이 아팠고 아이들도 그 안에만 있는 것이 답답한지 짜증을 냈다. 그래도 짧게 뛰는 것은 체력 강화에 도움이 되었다. 언덕을 오를 때는 특히 몸을 더 똑바로 세우고 상체를 더 많이 써야 했다. 나는 헉헉대면서도 새, 토끼, 굴착기, 빨간 집, 나무로 만들어진 작은 무료 도서관들을 가리키며 아이들에게 말을 걸었고 물이나 치리오스 시리얼을 달라고 하면 전해주다 작은 슈퍼나 아이스크림 가게, 놀이터를 만나면 결국 멈춰 섰다. 그렇게 일주일에 서너 번씩 유아차를 밀며 달렸더니 여름 끝자락에는 전보다 몸이 튼튼해졌다. 혼자 뛸 때는 중량 조끼를 벗은 듯 날아갈 것 같았다. 무거운 유아차를 밀며 느리게 언덕을 달리다 혼자 뛰니 서른둘, 서른여섯, 아니 서른여덟에도, 대학 코칭 스태프와 함께 달리고 선수 훈련실을 마음껏 이용할 수 있던 때보다 훨씬 더 좋은 기록을 냈다. 10대 때보다 더 좋은 기록이었다. 놀랍고 짜릿했다.

나는 마라톤 러너이자 두 아이의 어머니이기도 한 물리치료 박사 애비 베일과 이야기를 나눌 기회가 있었다. 골반기저근 건강 전문의인 그녀에게 오는 환자들은 대체로 출산 후 골반 부위 통증을 몇 년 앓고도 시간이나 접근성, 수치심, 평판 등 다양한 이유로 치료를 받지 못한 여성들이었다. 베일은 내원자가 어린 아기를 데리고 오면 종종 아기띠로 아기를 안고 치료하기도 하고, 아기 낮잠

테아를 유아차에 태우고 달리는 어맨다.

시간에 맞춰 집에 방문하기도 한다. 일부 체육관이나 피트니스센터가 하듯 그녀도 병원에서 돌봄 서비스를 제공하고 싶어하지만 그에 따른 책임보험료가 의료 서비스를 위한 보험료보다 비쌀 것 같아 감히 시도하지 못하고 있다.

  베일 박사는 많은 여성이 출산 후 너무 서둘러 달리기에 복귀한다고 말한다. 산후 호르몬 변화와 더불어 출산 후 생긴 부상에서 회복하고 코어 힘을 되찾기도 전에 달리는 것은 뼈와 연조직 상해 위험을 높인다. 러닝용 유아차를 사용하면 그런 부상의 위험이 더 커지는지 묻자 그녀는 유아차를 미는 것이 러너의 달리는 자세를 변화시키고, 그 결과 체내 순환이 막히는 부위가 생겨 복압이 높아진다고 설명했다. 이러한 생리학적 이유들 때문에 출산 직후 뛰는 유아차 러너들을 보면 염려가 된다고 했다. "정신 건강에는 좋을 수 있지만, 산후 많은 것이 그렇듯 걷기부터 시작해 천천히, 단계별로 훈련 강도를 높이는 것이 좋아요." 아무리 가벼운 러닝용 유아차라 해도 아기까지 합하면 최소 15킬로그램은 나가고 수유를 하는 여성은 상대적 에너지 결핍 신드롬(예전에는 무월경, 식이장애, 과도한 운동을 뜻하며 "여성 운동선수의 세 가지 징후"로 알려졌다)을 겪을 위험이 이미 크기 때문이다.

조깅용 유아차는 여성들을 위한 마라톤 훈련 수단으로 홍보된다. "출산한 지 1년도 채 되지 않았다면 대단히 우려스럽습니다. (…) 우리가 '꼭' 해낼 수 있다는 기대, 그러지 못하면 뒤처진 것이라는 통념이 (…) 러닝 커뮤니티 내에 정말로 팽배해요." 박사가 말했다. 나는 혼란스럽게 뒤섞인 내 감정을 그녀에게 털어놓았다. 아이들과 함께 달리는 동안 내가 사랑하는 세상을 보여줄 수 있어 기뻤던 것, 그러나 유아차 때문에 속도가 느려지고 등이 아파 좌절한 것, 이제는 과거인 그 시절이 그립기도 하다는 것, 이 모든 걸 말이다. 그녀는 내 이야기에 공감하면서도 현실을 지적했다. "저도 유아차가 있어요. 내 정신 건강을 위해 사긴 했지만, 우리 사회에는 분명 문제가 있어요. 사회는 여성을 지원하는 대신 끊임없이 상품을 만들어내요. 상품이 지지나 공동체를 대신할 수는 없어요."

나는 이따금 테아와 사이먼을 태우고 달리다가 동네 공원의 테니스코트나 농구장에서 진행중이던 유아차 피트니스 클래스와 마주쳤다. 아이 유치원이나 직장, 소아과 엄마 모임에서 본 여자들도 눈에 띄었다. 강사와 참가자들은 대부분 단체의 로고가 쓰인 밝은 분홍색 셔츠를 입고 있었다. 이 단체는 지금은 자기 관리와 "당신의 정신과 신체 상태를 고려하는" 탄탄한 강사진을 내세우지만, 한때는 얼마나 많은 여성이 임신중 적정 체중 증가 범위인 11~16킬로그램을 넘어서는지를 강조해 선전했다. 해당 통계가 게재되었던 피트포맘닷컴 사이트에서는 이제 이를 찾아볼 수 없지만 핀터레스트에서는 여전히 볼 수 있다. 이 사이트의 기존 광고에는 "당신의 몸을 되찾으세요" 같은 문구들이 가득했는데 이는 내가 아이를 갖고 싶다는 생각을 해보기 훨씬 전부터 산후 피트니스하면 자연스레 떠오른 목표였다. 새로워진 사이트에는 "엄마로서의 죄책감은 이제 그만!"이라는 카피가 걸려 있었다. 나는 더 혼란스러워졌다. 무엇에 대한 죄책감이란 말인가? 체중? 아니면 아이를 두고 운동하는 것? 그것도 아니면 운동을 하지 않는 것?

베일 박사에게 이 그룹에 대해 물으며 나는 그녀가 내 온건한 혐오에 공감해주기를 기대했다. 다만 조금 더 전문적인 언어로. 그러나 예상과 달리 그녀는 엄마로 존재하는 일이 얼마나 고립되는 일인지, 특히 아이가 어릴수록 그 고립감이 얼마나 심한지를 말했다. "어떤 수업이건, 그들에게 어떤 낙인이 찍혀 있건, 내 내원자들을 데려가 아기가 아닌 성인 어른들과 어울리게 해준다면 난 그 수업들을 지지해요." 그녀는 많은 여성이 도움이나 공동체 없이, 어떤 이들은 파트너의 도움도 없이 혼자서 아이를 돌보며, 누군가를 고용하거나 아이와 떨어져 혼자 시간을 보내는 것을 부끄러워하기도 한다는 사실을 내게 상기시켜주었다. 그 결과 여성들은 "사회가 우리에게 새로이 들이댄 기준—우리는 이 모든 걸 다 해낼 수 있다—에 부합하기 위해 자기 몸을 육체적·정신적으로 기꺼이 망가뜨리고 있다"고 말이다. 나는 내가 얼마나 자주 "다 해낼 수 있다"는 강박에 사로잡혔었는지를 돌이켜보았다. 이는 개인 최고 기록을 내야 한다, 학생들에게 최고의 수업을 해줘야 한다고 생각하며 느꼈던 압박감만큼 컸다.

의도와 목적에 상관없이 중년에 가까운 여성이 19분 만에 5킬로미터를 주파한 것과 18분 만에 달려낸 것은 거의 차이가 없는 기록이라고 볼 수 있다. 취미로 달리는 러너에게는 둘 다 훌륭한 성적이고 어느 쪽이든 선수 기록과는 거리가 멀다. 물론 예전 기록을 경신하는 짜릿함을 즐기는 일은 건전하며 직업과 가정생활 밖에서 목표를 갖는 것에는 존경스러운 면도 있다. 하지만 적어도 내게는 그 스릴 중 일부가 내가 소중히 여기는 가치와 일과 고통이 전부 얽힌, 조금은 어둡고 방어적이며 마조히즘적인 욕망과 관련돼 있다.

피트니스 커뮤니티는 비판의 대상이 되기도 폐쇄적인 숭배심이 싹트기도 쉽다. 가령 소울사이클 사람들은 왜 향초를 살까? 왜 집에 크로스핏 회원임을 알리는 깃발을 걸지? 마라톤 러너와 함께 저녁을 먹으러 갈 때, 식당에 가면서도 그가 GPS 시계를 차고 음식에 지나친 열의를 보이거나 반대로 지나치게 무심하면 얼마나 짜증이 나는지 안다.

그렇다, 같은 러너인 나조차 짜증이 난다! 하지만 달리기에 신경증적이고 지루한 면이 있다고 자각한다고 해서 피트포맘의 핑크로 도배된 광고와 여학생 클럽 같은 커뮤니티 깃발에 몸서리를 치고 버피 운동 중간중간 힘을 북돋아주는 증정의 말들을 질색하는 내가 면죄부를 받을 수 있을까?

나는 이런 그룹들의 존재가 말하고자 하는 메시지를 감지한다. 아기를 갖기 전 모습으로 돌아가고 싶은 여성의 욕구, 상쾌한 공기와 운동이 가져오는 엔도르핀, 여성 커뮤니티의 연대, 아이를 맡기는 추가 비용 없이 이것들을 다 성취할 수 있는 방법. 이에 더해 희미하고 옳지 않을지도 모르지만 사회에 존재하는 아주 끈질긴 통념, 깨어 있는 어린아이를 돌보는 동안 절대 할 수 없는 일들(이를테면 글쓰기 같은)과 달리 운동은 아이와 동반할 수 있다는 것. 유아차와 함께 달리는 동안에는 최고 속력으로 뛸 수 없지만 '그래도 뛰러 나갈 수는 있잖아?' 하는 그 속삭임.

카라 가우처는 ESPN에서 매일 훈련하는 것이 자신의 직업이기 때문에 조깅용 유아차를 이용한 적은 한 번도 없다고 말했다. 나는 그와 달리 적당한 정도로만, 그러니까 아이들이 깨기 전이나 닉이 나 대신 아이들과 함께 집에 있을 수 있는 주말에만 최고 강도로 뛰는 사치를 누렸다. 아이들을 유아차에 태워 뛰어야 할 때면 참견하기 좋아하는 행인들이 기온이 낮아 아이들이 너무 춥겠다고 해서, 때때로 달리기 막바지에 사이먼이나 테아가 칭얼대서, 또는 같이 가지고 놀던 방울을 가지고 싸워서 속도를 줄이곤 했다. 하지만 그런 날조차 뛰고 나면 늘 뿌듯한 기분이 들었다. 나를 위해 내가 하는 일을 좀 봐, 아이들을 희생시키지도 않잖아? 어쩌면 아이들에게 더 좋을지도 모른다고.

어쩌면 이런 초조한 마음이 **엄마로서의 죄책감은 이제 그만**이란 말이 가리키는 것, 다시 말해 우리가 버려야 할 것이 아닐까. 우리는 나쁜 엄마가 되지 않고도 개인적인 성취감을 얻는 무언가를 할 수 있다. 엄마가 성취해나가는 모습을 보는 것이, 모호하지만 더 폭넓게 아이들을 이롭게 할지도 모른다. 그것들이 비록 모유 수유나 아기띠, 안전한 유아차 같은 혜택처럼 수치화되지는 못할지라도.

9. 스트롤링

엘렌이 자기는 아이들을 사랑한다며 그들을 밀어내는 일은 없을 거라고 외치는 장면은 현대 미국의 특정 어머니 부류에 대한 의도적인 풍자지만, 부모라는 역할이 지닌 가장 고통스럽고 해결하기 어려운 모순 중 하나를 말하기도 한다. 그것은 바로 보호의 의무와 독립성 길러주기 사이의 균형이다. 이는 내가 늘 줄타기하는 문제이기도 하다. 아이들을 각자의 침대에 재우고 혼자 잘 자도록 달래주고 좋은 음식을 먹이고 학교에 보내고 자전거 타는 법, 수영하는 법, 책 읽는 법, 신발끈 묶는 법을 가르쳐주는 등의 일은 전부 아이들을 내게서 독립시키기 위한 일이다. 언젠가 먼 미래에 내가 죽고 없어도 내 아이들이 우리가 함께했던 세상에서 삶을 계속하길 그 무엇보다 바라기 때문이다. 그런 날이 오기 전까지 아이들이 자기가 알아야 할 것을 다 배우기를 바란다.

스코틀랜드 시인 캐슬린 제이미는 그녀의 시 「초음파검사」 파트 7에서 이렇게 쓴다.

16주차가 되던 날 초음파로 본 우리 아기의 심장은
동그랗게 감싸쥔 손안에서 날개를 파닥이는 한 마리 새였어.

나는 성 케빈을 생각했지, 손바닥을 위로 향하고 기도를 올리던
그리고 그 위에 둥지를 튼 새 한 마리를,

그리고 아기 새가 자라 날아갈 때까지 그가 새를 가만히 품어주던 일도,

— 나는 기도했어. 이 새로운 심장은 내 것보다 오래 살아야 한다고.

셰이머스 히니의 「성 케인과 검은새」에서 성 케빈은 그의 좁은 독방 밖으로 손을 뻗어 손바닥 위에 검은 새를 위한 자리를 마련해준다. 히니는 쓴다. "연민을 느껴 이제 그는 몇 주 동안 자기 손을 / 나뭇가지처럼 해와 비 속에 내놓고 버텨야 하지 / 그 어린 것들이 부화하고 털이 나고 날아갈 때까지."*

아이를 유아차에 태우고 미는 것은 분리의 행위이지만, 동시에 보호 행위이기도 하다. 네 살인 사이먼을 유아차에 태우고 동네를 걷던 나는 최근 부쩍 길어진 아이의 다리가 땅에 닿을 듯 말 듯 달

---

* 국내 번역서도 있다. 셰이머스 히니, 『셰이머스 히니 시전집』, 김정환 옮김, 문학동네, 2011.

랑대는 모습을 보며 한 가지 사실을 문득 깨달았다. 이 작고 안전한 이동식 둥지인 유아차가 아이를 제한하고 그를 옥죄기도 한다는 걸 말이다.

캐슬린 제이미가 어린아이들과 함께 세상을 탐험하는 것에 대해 쓴 에세이와 시는 멜라니 더크워스의 에세이 「모두가 때로는 자기 삶에서 달아나고 싶어하지, 안 그래?」의 토대가 된다. 이 글에서 더크워스는 젊은 싱글 여성으로서 런던을 방문했을 때와 나중에 학자로서 아이들을 데리고 갔을 때의 경험을 비교한다. "딱 12년 전 이맘때 나는 커다란 배낭과 작은 가방, 벽돌 같은 노트북을 들고 런던에 도착했다. 내 가슴은 설렘과 기대, 자유, 불안으로 가득했다. 그 많은 짐을 지고 거리를 걷는데 커다란 거북이가 된 듯한 기분이었다." 더크워스는 자신이 묵었던 "음습한 호스텔"과 대영박물관을 관람한 일, 마음을 졸이며 정처 없이 걷던 일을 떠올린다. 더크워스는 최근에 다녀온 학회에 대해 이어 쓴다. "지난주에는 펠릭스, 안토니아와 함께 런던에 갔다. (…) 우리는 하이드파크 근처에 있는 깨끗하고 반짝반짝 빛이 나는 호스텔에 묵었다."

그녀는 또 회상한다. 이 두번째 여행이 끝나갈 무렵 "우리는 에든버러로 가는 기차를 타기 위해 숙소에서 역까지 걸었다. 나는 커다란 배낭을 등에 멨고 작은 가방은 안토니아가 앉은 유아차 손잡이에 걸었다. 펠릭스는 내 옆에서 걷다가 지치면 유아차에 앉았고 그러면 나는 아기띠를 해 안토니오를 안았다. 우리는 몸집이 아주 큰 거북이처럼 자갈로 된 거리를 툴툴툴 소리를 내며 느릿느릿 걸었다. 기차여행은 내 예상보다는 평화롭지 못했다. 하지만 승무원이 다가와 내 가방들을 치워달라고 하기 전까지, 두 아이가 내 위에서 곤히 잠들어 있던 순간만큼은 더없는 평화를 느꼈다."

예상만큼 평화롭지 않은 기차여행과 지복의 순

간들에 관해서라면 나도 잘 안다. 테아와 사이먼이 학교에 가기 전, 나는 아이들을 데리고 우리 모두의 진을 완전히 빼놓는 모험을 떠나기를 좋아했다. 한번은 그랜드센트럴역에서 지나가던 사람이 우리 사진을 찍어준 적도 있다. 어린이 미술관에서 시간을 보내고 난 뒤였다. 그날 우리는 르팽쿼티디엔에서 사이먼의 유아차를 하이 체어로 활용해 점심을 먹었고 수많은 지하철 계단을 오르내렸다. 말없이 유아차 한쪽 손잡이를 쥐고는 함께 유아차를 들어주던 행인의 손에 의지해, 계단에서 구르거나 사이먼을 떨어뜨릴지도 모르는데 기차 시간에 늦지 않으려고 마냥 정신없이 달리던 순간들. 사진 속 우리는 모두 지쳐 있지만, 그 사진은 내가 가장 좋아하는 사진 중 하나다. 코네티컷행 통근 열차를 기다리던 우리의 얼굴에는 맨해튼 늦봄의 기운이 느껴지듯 땀이 송골송골 맺혀 있다. 그때 나는 터지기 직전인 기저귀 가방 안에서 늦은 밤을 위해 챙겨둔 비상용 골드피시 크래커와 우유팩을 꺼내려던 참이었다.

내가 너무나 사랑하는 아이들에게 내가 너무나 사랑하는 세상을 보여주는 일에는 기쁨과 환희가 따른다. 달리기, 탐험하기, 여행하기, 그저 한 블록 떨어진 이웃의 새집이 얼마나 지어졌는지 보며 천천히 산책하는 일마저 그렇다. 운이 좋은 날에는 그렇게 거닐며 아이들에게 나무 위에 튼튼한 둥지를 만들어준 듯한 기분이 들었다. 그러면서 웬 마법을 부려 세상도 보여준 듯했고. 이런 모험들의 고단함은 기차를 타고 같이 집으로 돌아올 때, 도시와 길과 놀이터에서 뒤집어쓴 흙과 먼지를 씻기고 깨끗한 타월로 그 작은 몸을 닦아줄 때 내가 느낀 기쁨이나 행복과 상충하지 않는다. 아이들과 함께 여행하고 달리고 탐험하고 세상을 항해하는 일은 그것이 얼마나 고되든 승리처럼 느껴졌다. 스스로 만족스러웠고, 엄마가 되면 그 모든

그랜드센트럴역에서 어맨다와 아이들.

게 끝이라는 세상의 콧대를 꺾어준 듯했다. 더크워스는 말한다. "엄마가 된다는 것은 여행을 방해하기도 하지만 그것이야말로 여행을 요하며, 오히려 가능하게 하기도 한다. 눈 내리는 날 깊은 정원을 산책하는 단순한 일도 여행으로 만들어버리니까."

테아가 1학년을 마칠 무렵 우리에게는 유아차가 딱 한 대만 남았다. 제일 먼저 보낸 것은 트래블 시스템이었다. 사이먼이 유아용 카시트를 타지 못할 만큼 자라자 쓸모가 없었다. 모두가 가진 물건이라 내 평범한 유아차를 물려줄 사람을 찾는 데만 몇 주가 걸렸다. 2인용 BOB*는 테아가 학교에 가면서 필요가 없어져 이웃 창고 세일에서 50달러에 팔았다(팬데믹으로 학교가 폐쇄되자 후회했다). 그리고 우리가 다시 여행을 시작할 무렵이면 유아차는 필요 없을 거라는 확신이 들어, 우리와 함께 맨해튼과 브루클린을 누비고 다닌 거대한 2인용 유아차도 기부했다.

* 미국 유아차 브랜드.

어느 추운 2월의 아침, 테아를 학교에 내려주고 사이먼을 유치원에 데려가던 중이었다. 나는 시간도 아끼고 사이먼이 빙판길을 탐험할 수 있게 하려고 1인용 러닝 유아차에 태워 조심스레 걸었다. 길이 얼었다 녹았다 하면서 생긴 얼음결정이 유아차 타이어에 붙었다 떨어지면서 오른쪽 뒷바퀴 끝이 찢어져버렸다. 하는 수 없이 남은 길은 타이어에 바람이 빠진 채로 유아차를 밀어 집으로 돌아와야 했는데 집에 와 자세히 보니 못해도 타이어와 튜브는 교체해야 할 것 같았다. 테아를 임신했을 때 부모님이 사주신 이 유아차는 이제 너무 더럽고 부품들(캐노피, 컵 홀더, 아이의 체격에 맞게 끈을 조절하는 부속품 등)도 다 사라졌기에 이걸 팔거나 기부하는 것도 당치않아서 목요일 아침마다 오는 수거차가 가져갈 수 있게 집 앞 모퉁이에 내놓았다.

하나 남은 우리 유아차는 이제 사이먼에게 너무 작지만 그래도 가끔 유용하게 쓴다. 너무 무더운 6월의 한낮에는 사이먼이 걸어서 유치원을 오가기가 힘들었다. 이따금 나보다 더 스포츠광인 다른 부모들이 우리를 보며 나를 비난할지도 모른다는 상상을 한다. 어파베이비 비스타를 끄는 부모들이 나를 판단한다고 상상하듯(혹은 내가 그들을 판단하는 것처럼) 말이다. 두 살 된 아이에게 수영을 가르치고, 세 살 때는 두발자전거를 타게 하며, 네 살 때 라크로스를 가르치고, 아이가 어릴 때부터 얌전히 아장아장 걷게만 두지 않는 부모들이 있지 않은가. 그저 전부 내 망상일 수도 있지만.

나는 사이먼을 유아차에 태우고 거니는 시간들이 좋다. 인생의 속도와는 아주 다른 우리만의 속도가 좋다. 차나 자전거를 타거나 달릴 때보다는 느리고, 아니 나 혼자 걸을 때보다도 느리지만, 그래도 우리가 손을 잡고 달릴 때보다는 빠르다. 둘이 손을 잡고 달렸던 날 우리는 유치원 수업 시작을 알리는 마지막 종소리에 겨우 맞춰 도착했다. 유아차를 갖고 나가면 우리 곁을 스쳐지나가는 집과 나부끼는 깃발, 작업중인 공사 차량을 천천히 볼 수 있다. 공립학교의 학사일정이 마무리되는 몇 주 동안에는 첫 여름방학을 맞아 집으로 돌아온 대학교 신입생들과 부모님들이 종종 스쳐지나갔다. 우리는 가끔 눈이 마주쳤고 조용히, 거의 애절한 공감의 눈빛을 주고받았다.

이 책을 막 쓰기 시작한 6월, 나는 이른 아침 운동을 끝내고 돌아오다 2인용 BOB 러닝 유아차를 미는 여자를 보았다. 공원 건너편에 테아와 사이먼이 두 살일 때 다니던 가정 어린이집이 있다. 그녀의 아이들도 우리 아이들과 비슷한 터울로 보였다. 그녀의 딸은 테아가 그 어린이집의 제일 큰 아이들 반에 다니던 때와 비슷해 보였고 아들은 당시의 사이먼처럼 기지는 못해도 몸을 가누어 앉을 수는 있을 아기인 듯했다.

그 순간 마음이 얼마나 아리던지, 내가 그 시절을 낭만화하는 거라는 사실을 알면서도 마음이 가라앉지 않았다. 나는 그 여자의 시간을 상상하기 시작했다. 9박 10일 출장을 떠난 남편, 돌봄 도움 없이 다가올 하프마라톤 훈련에 매진하는 여자, 새벽 일찍부터 잠에서 깨는 아이들. 잠시 후 나는 그건 바로 내 모습이라는 걸, 그때도 이 시간쯤 해가 떴고 늦은 봄 공기가 이만큼 습했다는 걸 깨달았다. 내 경우에 그 2주가 지난 뒤 닉이 돌아왔을 때 자신감에 차 있었다. 그가 없는 동안 나는 하루도 빠짐없이 달렸고, (내가 부탁했다면 더 많은 도움을 주셨겠지만) 부모님의 도움은 딱 한 번 받았다. 나에게 중요했던 첫번째 외주 작업의 마감을 맞추기 위해 두 아이가 동시에 낮잠에 드는 기적을 노리며 다 같이 놀이터에서 뛰어놀았다. 우리는 저녁에 아이스크림을 먹었고 맨해튼에서 놀러온 내 오랜 친구를 위해 근사한 저녁을 차리기도 했다. 테아와 사이먼이 잠들고 나면 HBO 무료 구독 기한이 끝나기 전에 〈빅 리틀 라이즈〉 시리즈를 시청했다. 닉의 도움 없이도 나는 달리고 글을 쓰고 친구들을 만나고 성인을 위한 TV 드라마를 보았다. 그러니까, 내게 엄마가 되는 일이 모든 걸 끝장내는 것은 아니었던 거다.

그날들은 힘들었지만 눈 깜짝할 사이 시간은 흘렀고 어떤 면들은 다행히도 아이들이 어려서 그나마 수월했다. 아이들은 유아차 안에서 잘 있었고, 매일 일정한 시간에 낮잠을 잤고, 노인 센터와 마을 쓰레기장 사이에 있는 덩굴 덮인 공터에서도 신이 나 놀았다. 어디든 아이들을 데리고 다니며 잠깐이지만 꼭 해야 하는 일은 다 할 수 있었다. 이따금 느리고 거추장스러울 때도 있었지만 그래서 그 시간이 더 소중히 느껴지기도 했다. 무엇보다 그 시절 내내 유아차를 밀며 달렸더니 유아차 없이 달린 하프마라톤이 상대적으로 쉽게 느껴졌다. 동트기 전 소파에 앉아 에세이를 쓰던 시간은 현관에 유아차가 있더라도, 아니 어쩌면 바로 그 유아차 덕분에 창작하는 삶이란 내가 스스로 개척하고 가꿀 수 있는 것이라고 내게 알려주었다.

물론 늘 그런 건 아니었다. 특정 기간에는, 더 일반적으로 삶의 어느 단계에서는 더더욱. 잠이 너무 부족해 걷다가 앞을 못 보고 벽에 머리를 박기도 했고, 배변 훈련을 하느라 거의 화장실이 되어버린 거실 바닥에 앉아 한 명에겐 모유 수유를 하면서 한 명에겐 배변 연습을 시킨 적도 있다. 또 어느 날에는 내 모든 정체성이 사라져버린 것 같은데 되찾을 방도는 안갯속인 때도 있었다. 신체적인 차이 때문에 아빠가 아닌 엄마에게만 요구되는 일들이 너무나 극명할 때는 남편과 크게 싸우기도 했다.

하지만 그날 아침, 2인용 유아차를 마주쳤을 때 나는 테아와 사이먼이 그리워졌다. 아침에 신발끈을 묶고 집을 나설 때 방안에서 곤히 자고 있던 여섯 살, 네 살의 아이들이, 그리고 아무리 많이 기록하고 아무리 사진을 찍어도 이제는 점점 기억에서 흐려져만 가는 두 살배기 꼬마와 아기가.

무더운 아침, 유아차를 밀며 달리던 그때는 부모로서 감당할 만하고 구체적인 선택들을 하면 됐다. 기껏해야 아기를 위한 음악 수업에 가고 민감한 신생아 피부에 어떤 비누가 좋은지 찾고 아이스크림을 사려 선 줄에서 떼를 쓰면 바로 그 자리를 떠나는 게 나은지, 아니면 먼저 엄하게 경고를 하는 게 나은지 고민해보는 정도의. 아이들이 내게 요했던 것들은 대개 내가 줄 수 있는 것들이었고 아이들이 나와 떨어질 일도 거의 없었다. 달릴 때조차 그랬다. 아이가 초등학교에 들어가면서 학교에 있는 시간이 길어지고 놀이 약속에만 데려다주면 되자 내 시간이 많아졌다고 느꼈지만, 떠올려보니 그전에도 내 삶은 아이들과 분리되지 않았을 뿐 아이들의 낮잠과 유치원이 허용하는 시간에 아늑하게 자리잡고 있었다.

    우리 유아차는, 정확히 말하자면 '우리의 많은 유아차는' 어린아이를 돌보면서는 불가능하리라고 생각했던 것들을 가능하게 해주었다. 나는 유아차 덕분에 내가 사랑하는 모험에 테아와 사이먼을 데려갈 수 있었다. 난 테아를 유아차에 태워, 한때 내가 크로스컨트리 경기를 위해 지도하기도 하고 직접 달리기도 했던 오래된 사유지 들판을 가로질러 뛰었다. 우리는 느렸고 어딘가 이상했으며 때로는 우당탕거리다 잠시 시무룩해지기도 했지만 어느 햇살 좋은 가을날 아침에는 내가 사랑하는 곳에서 내가 사랑하는 사람과 내가 사랑하는 일을 했다. 지하철 여행, 브루클린브리지 건너기, 트라이베카의 놀이터도 다 마찬가지였다. 일요일 아침에 트라이베카의 놀이터에서 시간을 보내게 되리라고는 한 번도 상상해본 적 없지만, 나는 가족들과 함께 밖에서 아몬드 크루아상을 먹고 아이스커피를 마시며 사람들을 구경했다. 그러면서 내가 속한 곳은 어디고, 속하지 않은 곳은 어디인지를 생각해보게 되었다. 아주 어릴 적부터 내가 여러 방식으로, 여러 장소에서 그랬던 것처럼.

어파베이비 비스타 옆에서 유난히 꾀죄죄해 보이는 내 유아차. 캐노피 위에 핀 곰팡이를 보며 부끄러워했던 기억은 내가 아이들과 함께 횡단한 그 모든 길 위의 시간이 우리를 변화시켰다는 생각에 금세 떠밀려갔다. 테아는 이제 곧 일곱 살이 된다. 우리 몸속 세포들이 그 시기에 다시 생겨난다고 했던가. 아이들과 함께했던 그 모든 달리기 훈련, 놀이터 나들이, 여행길 때문에 반질반질해진 우리의 유아차 타이어가 생각난다.

은유로서의 유아차 분류

1. 은유로서의 유아차
   a. 돌봄을 위한 소비: 예비 및 초보 부모를 대상으로 한 유아차 마케팅은 올바른 안전 요건을 갖춘 제품이 유아의 부상을 예방하며 부모의 헌신과 경계심을 드러내 보일 수 있다는 믿음을 전제로 한다.
   b. 위험의 불가피성: 어린이의 안전을 위해 설계된 제품에 내재된 문자 그대로의 위험. 그리고 순수함과 폭력의 위협이라는 끔찍한 조합이 특히 불안감을 일으킨다.
   c. 창작에 미치는 음울한 위협: 부모 됨이 예술에 끼치는 영향을 설명하기 위해 영국 문학비평가 시릴이 사용한 표현(현관의 유아차).

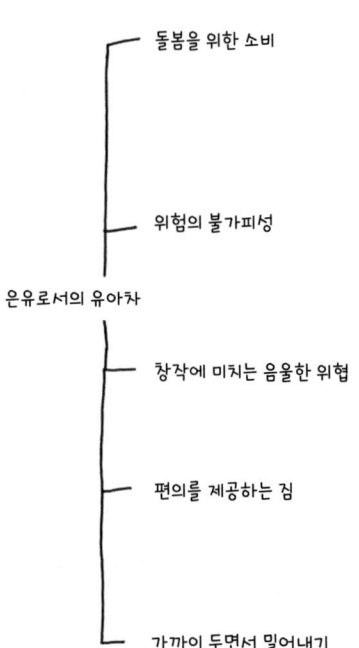

d. 편의를 제공하는 집: 걷기, 달리기, 혼잡한 공항 이용하기를 대체로 쉽게 해주는 한편, 계단을 피해야 하고 천천히 움직여야 하며 좁은 공간에서는 방향을 바꾸는 일이 쉽지 않다.

e. 가까이 두면서 밀어내기: 일반적인 유아차의 경우, 부모가 다른 면에서는 달성하기 어려운 균형을 유지하게 해준다. 아이들은 부모와 거리를 유지한 채로 세상을 바라보는 독립성을 보장받으면서, 밀려나는 와중에도 부모의 팔이 닿는 거리 안에 안전히 머문다.

감사의 말

나는 아주 어릴 적부터 책을 쓰고 싶었다. 이 꿈도, 이 특별한 책도 수많은 사람의 응원이 없었다면 나오지 못했을 것이다.

지식산문 O 시리즈의 편집자 크리스토퍼 샤버그(내가 만나본 편집자들 중 내게 더 개성 있는 글을 써보라고 응원해준 몇 안 되는 소중한 사람이라 무척 고맙다)와 이언 보고스트, 그리고 블룸즈버리 팀의 해리스 나크비, (그칠 줄 모르는 내 수많은 질문을 인내하고 들어준!) 레이철 무어, 제바 타크하니, 크리스티나 코왈스키, 다누자 라비, 아나히 몰리나, 니베티타 타밀셀반, 니나 헤이즈-톰프슨에게 감사의 인사를 전한다. 앨리스 마웍, 커버 작업이 정말 멋져요.

이 책의 상당 부분은 다양한 생각과 경험을 공유해준 관대한 친구들에게 기대고 있다. 세라 엘드리지, 웬디 캠프먼, 애비 베일, 에밀리 딜레이니, 클라리세 메사, 제니 잉그럼, 당신들의 통찰력에 고마움을 전해요. 또 킴 브룩스, 세라 멘커딕, 앰버 위닉, 미셸 밀러 피셔의 글 덕분에 일상에서 마주친 유아차를 더 큰 그림의 일부로 인식할 수 있었다.

　이 책의 초반부를 읽어준 친구들과 가족들에게도 감사를 전한다. 내 너그러운 글쓰기 친구 에어리얼 번스타인, 클레이 패리시, 애비 로지, 딜런 월시, 엄마 다이앤 패리시에게도 고맙다. 책 계약서에 사인하던 날, 내가 기뻐 눈물을 흘릴 때 줌으로 나와 함께해준 T 키라 매든 라이트하우스 라이터

워크숍, 내 수만 가지 질문에 답해주고 수만 킬로미터를 함께 뛴 멋진 내 에이전트 재키 길버트, 웨스트포트 라이터 워크숍과 페어필드대학교에 있는 내 든든한 동료들, 모두 고마워요.

이 드넓은 세상 가운데 이 코네티컷 교외에서 동료 여행자 그룹을 만난 것은 행운이었다. 내 아이들을 돌봐주고, 유아차에 대해 끊임없이 떠드는 내 얘기를 들어주고, 이 책을 쓰는 동안 모든 단계에서 나와 함께 기뻐해준 충실한 친구들, 고마워요.

9학년 때 영어를 가르쳐주신 캘빈 버웰 선생님. 제가 첫 책을 쓰면 헌정해야 한다고 하셨죠. 세월이 이렇게나 흘렀네요. 선생님께 바쳐요.

부모님 다이앤, 스티브 패리시는 내가 연필을 쥐기도 전부터 글을 쓰도록 응원해주셨다. 아빠는 내가 쓴 첫 이야기(푸피 오리, 1985)를 기록해두셨고 엄마는 인생 첫 문학 행사(앤 M. 마틴, 1991)에 나를 데려가주셨다. 평생 제 첫번째 독자가 되어주고, 변함없이 응원해주고, 우리가 가장 애용한 유아차 두 대를 사준 것 전부 고마워요.

사랑하는 가족 닉, 당신 없이는 여러모로 이 책을 쓰지 못했을 거야. 육아와 글쓰기라는 두 개의 고리를 넘나드는 서커스를 가능하게 해줘서 고마워. 테아, 사이먼, 이 책은 너희를 위해, 그리고 너희 덕분에 쓸 수 있었어. 당시엔 미처 몰랐지만, 이 작업은 우리가 밀고 당기는 일상 속에서 피어난 숭고하고 온화한 순간들을 기억하는 방식이기도 했단다.

참고문헌

Bales, Abby. 전화 인터뷰. 저자가 2021년 6월 28일에 진행.

Boehret, Katherine. "Baby Tech Is Sold on Fear, Not Practicality." *The Verge*, The Verge, March 11, 2016, www.theverge.com/tech/2016/3/11/11204234/Baby-tech-sold-fear-practicality-parent-buying.

Boyce, Frank Cottrell. "The Parent Trap: Art after Children." *The Guardian*, Guardian News and Media, August 1, 2010, https://www.theguardian.com/culture/2010/aug/01/art-children-pram-hallway.

Brooks, Kim. *Small Animals: Parenthood in the Age of Fear*. United States, Flatiron Books, 2018.

Broude, Norma. "Mary Cassatt: Modern Woman or the Cult of True Womanhood?" *Woman's Art Journal*, vol. 21, no. 2, 2000, pp. 36~43. JSTOR, www.jstor.org/stable/1358749. Accessed July 20, 2021.

Cassatt, Mary. *Children in a Garden (The Nurse)*. 1878,

Museum of Fine Arts, Houston, USA.

Daly, Mark. "Top Athletics Coach Alberto Salazar Faces Doping Claims." *BBC News*, BBC, June 3, 2015, www.bbc.com/news/uk-scotland-32877702.

Doyle, Roddy. *The Deportees*. United States, Viking Books, 2007.

Druckerman, Pamela. *Bringing Up Bébé: One American Woman Discovers the Wisdom of French Parenting*. United States, Penguin Books, 2014.

Duckworth, Melanie. ""Everyone Wants to Escape from their Own Lives Sometimes, Don't They." *Travellin Mama: Mothers, Mothering and Travel*. Beyer, Charlotte, ed. Canada, Demeter Press, 2019.

Eldridge, Sarah. 이메일 인터뷰. 저자가 2021년 6월 15일과 18일에 진행.

Fisher, Michelle Millar and Winick, Amber. *Designing Motherhood*. United States, MIT Press, 2021.

Ferguson, Molly E. "Reading the Ghost Story: Roddy Doyle's 'The Deportees and Other Stories.'" *The Canadian Journal of Irish Studies*, vol. 35, no. 2, 2009, pp. 52~60. JSTOR, www.jstor.org/

stable/41415002(2021. 7. 20. 접속).

"Fitness For Moms - FIT4MOM Southeast Fairfield County." Southeast Fairfield County, seffco.fit4mom.com/.

Flynn, Sarah Wassner. "'No One Should Ever Be Penalized for Getting Pregnant.'" *Triathlete*, April 2, 2021, www.triathlete.com/culture/no-one-should-ever-be-penalized-for-getting-pregnant/.

Gardner, Lyn. "The Pram in the Hall Is No Enemy of Good Art-It Inspires Great Theatre." *The Guardian*, Guardian News and Media, February 8, 2018, https://www.theguardian.com/stage/2018/pram-in-the-hallway-art-frances-poet-monica-dolan-theatre.

Gill, John Freeman. "The Land of the $800 Stroller." *The New York Times*, May 6, 2011, www.nytimes.com/2011/05/08/realestate/08living.html.

Goucher, Adam. "It's Time for Me to Use My Voice." *Podium Retreats*, retreat.karagoucher.com/its-time-for-me-to-use-my-voice/.

Heaney, Seamus. "St Kevin and the Blackbird." *Poetry Archive*, December 11, 2019, poetryarchive.org/poem/st-kevin-and-blackbird/.

Hesse, Monica. "The Unreasonable Expectations of American Motherhood." *The Washington Post*, June 15, 2021.

Ingle, Robin, et al. "Injuries Associated with Strollers," Washington DC, U.S. Consumer Product Safety Commission, 2000.

Jamie, Kathleen. "Ultrasound," *Waterlight: Selected Poems*. Minneapolis, MN, 1999.

Jones, Shane. "The Pram in the Hall." *The Paris Review*, January 30, 2014, https://www.theparisreview.org/blog/2014/01/29/the-pram-in-the-hall/.

Kampman, Wendy. 이메일 인터뷰. 저자가 2021년 7월 5일 진행.

"Kate Middleton Will Be Pushing Royal Baby 3 in This Carriage." *Architectural Digest*, Architectural Digest, April 23, 2018, www.architecturaldigest.com/story/kate-middleton-will-be-pushing-royal-baby-3-in-this-carriage.

Keystone. "A Gas Masked Young Mother Attends to Her Child's Pram Gas Mask during . . ." *Getty Images*, www.gettyimages.co.uk/detail/news-photo/gas-masked-young-mother-attends-to-her-childs-pram-gas-mask-news-photo/3319390.

"Kids," *Farfetch*(2021. 7. 15. 접속).

Mendes, Sam, et al. *Away We Go*. Focus Features, 2009.

Menkedick, Sarah. *Ordinary Insanity: Fear and the Silent*

Crisis of Motherhood in America. United States, Pantheon, 2019.

Merritt, Stephanie and Rogers, Jude. "Is the Pram in the Hall Still the Enemy of Good Art?" *The Guardian*, Guardian News and Media, June 20, 2015, https://www.theguardian.com/commentisfree/2015/jun/20/is-pram-in-hall-enemy-good-art-debate-cyril-connolly-bbc-artsnight.

O'Hehir, Andrew. "How 'Battleship Potemkin' Reshaped Hollywood." *Salon*, Salon.com, September 25, 2011, www.salon.com/2011/01/12/potemkin/.

"Perambulator: V&A Explore The Collections." *Victoria and Albert Museum: Explore the Collections*, collections.vam.ac.uk/item/O176087/perambulator-alfons-pollak/.

Sewell, Samuel J. "The History of Children's and Invalids' Carriages." *Journal of the Royal Society of Arts*, vol. 71, no. 3694, 1923, pp. 716~28. JSTOR, www.jstor.org/stable/41356294(2021. 7. 15. 접속).

Silverman, Leah. "All 3 Royal Babies Left the Hospital in This $75 Wool Shawl." *Town & Country*, Town & Country, March 3, 2021, www.townandcountrymag.com/style/home-decor/g19596276/kate-middleton-prince-william-favorite-baby-brands/.

Taylor, Janelle S. "Of Sonograms and Baby Prams: Prenatal Diagnosis, Pregnancy, and Consumption." *Feminist Studies*, vol. 26, no. 2, 2000, pp. 391~418.

JSTOR, www.jstor.org/stable/3178541(2021. 7. 15. 접속).

"Vista." *UppaBaby*(2021. 7. 15. 접속).

Wax, Emily. "In Africa We Carry Our Children so They Feel Loved." *The Guardian*, Guardian News and Media, June 18, 2004, www.theguardian.com/theguardian/2004/jun/18/guardianweekly.guardianweekly12.

Wingate, Steven. "Quotes & Notes: The Pram in the Hall." *Fiction Writers Review*, https://fictionwritersreview.com/shoptalk/quotes-notes-the-pram-in-the-hall/.

"White House--Major Russell Harrison and Harrison Children--Baby McKee and Sister on Goat Cart." *The Library of Congress*, www.loc.gov/item/97510241/.

Wyndham, Aradia. "From Baby Toting to Babywearing." *The Baby Historian*, September 21, 2019, thebabyhistorian.com/2016/10/27/from-baby-toting-to-babywearing/.

옮긴이 **김은지**

고려대학교 화학과를 졸업하고 대기업 해외영업팀에서 13년간 근무했다. 늘 본 것을 전하는 일을 해왔다. 어린 시절부터 책을 사랑해 번역가가 되었다. 옮긴 책으로 『그들의 슬픔을 껴안을 수밖에』 『트루 비즈』 '레드 수도원 연대기' 시리즈 등이 있다.

지식산문 O 05
유아차

초판 인쇄 2025년 8월 5일
초판 발행 2025년 8월 18일

지은이 어맨다 패리시 모건
옮긴이 김은지

펴낸곳 복복서가(주)
출판등록 2019년 11월 12일 제2019-000101호
주소 03720 서울특별시 서대문구 연희로 28길 3
홈페이지 www.bokbokseoga.co.kr
전자우편 edit@bokbokseoga.com
마케팅 문의 031) 955-2689

ISBN 979-11-91114-94-2 04800
　　　979-11-91114-74-4 (세트)

이 책의 판권은 지은이와 복복서가에 있습니다.
이 책 내용의 전부 또는 일부를 재사용하려면 반드시 양측의 서면 동의를 받아야 합니다.
이 책의 일부를 어떤 방식으로든 인공지능 기술이나 시스템 훈련 목적으로 사용하거나 복제할 수 없습니다.
No part of this book may be used or reproduced in any way for the purpose of training artificial intelligence techniques or systems.

잘못된 책은 구입하신 서점에서 교환해드립니다.
기타 교환 문의: 031) 955-2661, 3580